R.M.S. TITANIC

WHITE STAR LINE

Robert D. Ballard

DIE SUCHE NACH DER
TITANIC

INHALT

DESIGN AND COMPILATION:
Copyright © 1988 Madison Publishing Inc.
TEXT: Copyright © 1988 Ballard & Family
DEUTSCHE AUSGABE:
Copyright © 1988 Tessloff Verlag · Nürnberg · Hamburg

ISBN 3-7886-0135-3

DIE SUCHE NACH DER
TITANIC

von Robert D. Ballard

Herausgegeben von Patrick Crean
Illustrationen der Titanic von Ken Marschall
Deutsch von Helmut Mennicken

Tessloff/Madison Press

Wer hätte je im Traum daran gedacht, daß ihre erste Fahrt auch ihre letzte sein würde. Am 14. April 1912, kurz vor Mitternacht, stößt die RMS *Titanic* im Nordatlantik mit einem Eisberg zusammen. Sofort strömt Wasser in die unteren Decks. Kaum drei Stunden später heben sich die Schiffsschrauben aus dem Wasser, als der Bug immer tiefer sinkt. Für mehr als 1500 Passagiere gibt es keine Hoffnung mehr. Bald ist das damals größte Schiff der Welt auf den Meeresgrund gesunken.

Im Juli 1986 tauchen Robert Ballard und zwei Mitglieder seiner Mannschaft in ihrem winzigen U-Boot etwa 4000 Meter tief zum Meeresboden hinab. Ein Jahr zuvor hatten sie das Wrack der *Titanic* geortet. Nun wollen sie sich den gesunkenen Ozeanriesen genauer anschauen. Als sie mit ihren Scheinwerfern das verrostete Wrack beleuchten, werden die Ereignisse aus der Nacht von vor 74 Jahren vor ihren Augen lebendig.

ERSTES KAPITEL

Der Anfang eines Traums

„Die *Titanic* ist der Mount Everest des Tiefseetauchens", sagte der Redner auf der Sea Rovers Konferenz auf meine Frage. „Wie jeder Taucher träume ich davon, dieses sagenhafte Schiff zu finden. Das Problem dabei ist nur, daß es vermutlich zu tief im Meer liegt, um es jemals zu finden."

Man schrieb das Jahr 1967, und ich war damals ein junges Mitglied der Sea Rovers aus Boston, einer Vereinigung von Leuten, die das Meer und die Abenteuer des Tiefseetauchens lieben. Einige der Größen der Unterwasserwelt hatten auf dieser Konferenz gesprochen. So hatte ich den berühmten Entdecker und Taucher Jacques Cousteau gehört und auch Dr. Eugene Clark, den Hai-Experten, und war von ihren Berichten mächtig beeindruckt. Manchmal redeten sie über Schiffswracks und die Schätze in der Tiefsee. Während ich sie so reden hörte, begann ich zu träumen, daß ich zum größten Schiffswrack aller Zeiten hinabtauchte: zur *Titanic*.

Seit ich mich erinnern kann, bin ich vom Meer fasziniert gewesen. Als Junge wuchs ich im Süden Kaliforniens auf. Ich sammelte immer Muscheln und Treibholz, die der Ozean an den Strand gespült hatte. Ich liebte es auch, die Lebewesen zu beobachten, die unter Wasser in den **Gezeitenbecken*** lebten. Anders als die meisten meiner Freunde, die lieber surften, erlernte ich als Jugendlicher das Tiefseetauchen und erforschte die Welt unter der Meeresoberfläche. Eines meiner Lieblingsbücher war Jules Vernes *Zwanzigtausend Meilen unter dem Meer* mit den Abenteuern von Kapitän Nemo an Bord seines legendären U-Boots *Nautilus*. An der Universität von Hawaii studierte ich Meeresgeologie. Um mir das Studiengeld zu verdienen, arbeitete ich als Delphintrainer im Sea Life Park. Stunden über Stunden verbrachte ich damit, ihnen beizubringen, durch einen Reifen zu tauchen und andere Tricks auszuführen.

* Die fettgedruckten Wörter werden im Anhang erklärt.

Beim Delphintraining im Sea Life Park.

Nach meinem Studium wurde ich zur amerikanischen Marine eingezogen. 1967 luden meine Frau Marjorie und ich all unsere Besitztümer auf einen alten Wagen und fuhren quer durch die Vereinigten Staaten nach Woods Hole auf Cape Cod (Massachusetts). Die Marine hatte mich zum Tiefseelabor am dortigen Ozeanographischen Institut abkommandiert. Woods Hole war damals und ist heute noch eins der wichtigsten Institute auf der Welt zur Erforschung des Ozeans.

Obwohl die Ozeane mehr als zwei Drittel unseres Planeten bedecken, beginnen wir erst jetzt damit, sie richtig zu verstehen. In Woods Hole sind Wissenschaftler damit beschäftigt, die Geheimnisse der Ozeane sowohl über als auch unter Wasser zu untersuchen — von den Wetterverhältnissen und den Gezeiten bis hin zu den Unterwasserströmungen, den Tieren und Pflanzen im Meer und den Bergformationen in der Tiefe.

Es war im Jahr 1973, als ich das erste Mal dachte, es müsse möglich sein, die *Titanic* zu finden. Damals war ich Mitglied der *Alvin*-Mannschaft. *Alvin* ist ein kleines Tauchboot für eine Drei-Mann-Besatzung und offiziell nach Al Vine, einem Veteran der Ozeanogra-

(Linkes Foto) Ich untersuche einen langen Röhrenwurm an Deck unseres Forschungsschiffes. (Rechtes Foto) Eine Gruppe von Röhrenwürmern, die wir 1977 in der Nähe der Galapagosinseln entdecken.

phie, benannt, inoffiziell aber nach Alvin, dem Bekkenhörnchen. *Alvin* konnte nur etwa 1800 Meter tief tauchen. Da aber die mittlere Tiefe des Ozeans bei etwa 3600 Metern liegt, hatte die Marine beschlossen, ihm eine neue Hülle aus einer **Titan**legierung zu geben, einem starken Metall, das einem enormen Unterwasserdruck standhält und uns eine Tauchtiefe von fast 4000 Metern erlaubte. Zufällig wurde dieses Instandsetzungsprojekt auf den Namen Titanus getauft.

Titan, Titanus, *Titanic* — das brachte mich ins Grübeln. Es wurde allgemein angenommen, daß die *Titanic* in einer Tiefe von mehr als 3600 Metern lag. Plötzlich ging mir auf, daß ich ja mit *Alvin* bis zur *Titanic* hinuntertauchen konnte! Von nun an ließen mich die Gedanken an die *Titanic* nicht mehr los. Ich wußte, daß ich dieses Schiff finden mußte.

Zwölf Jahre lang versuchte ich, Leute für meinen Traum zu interessieren. Ich plante und versuchte ohne besonderes Glück, soviel Geld zu sammeln, daß ich davon eine Expedition ausrüsten konnte, um die *Titanic* zu suchen.

Während all dieser Jahre arbeitete ich als Wissenschaftler an der Erforschung der Ozeane in anderen Gegenden der Erde. Ich nahm 1973 und 1974 an Ex-

peditionen teil, die den Mittelatlantischen Rücken erforschten, einen riesigen Unterwasser-Bergkamm, der in der Mitte des Atlantischen Ozeans verläuft und Teil eines noch größeren Bergkamms unter Wasser ist, der fast 65 000 km um die Erde verläuft. Wir entdeckten 1977 in der Nähe der Galapagosinseln vor der Küste Chiles enorme **Röhrenwürmer**, einige davon länger als 2,50 m. Diese Riesenwürmer leben in weißen Röhren und schaffen es, den ungeheuren Wasserdruck in 2500 Metern Tiefe auszuhalten. Vor der Küste Niederkaliforniens machten wir 1979 die verblüffendste Entdeckung von allen — die **Black Smokers** (Schwarze Stinker). Diese Unterwasser-Geysire stoßen eine Flüssigkeit aus, die so heiß ist, daß sie Blei zum Schmelzen bringen könnte, und speien sie mehr als 30 Meter vom Meeresboden in die Höhe.

Bald hatte ich mehr Zeit in den Tiefen des Meeres verbracht als jeder andere Wissenschaftler. Doch die *Titanic* ließ mich nicht mehr los. Meine Kollegen von der Ozeanographie (Meereskunde) verspotteten meine *Titanic*-Träumereien und rieten mir, ich solle mich lieber „echten" wissenschaftlichen Aufgaben widmen.

Doch dann traf ich Bill Tantum. Bills Spitzname war *Mister Titanic*, denn er wußte alles über dieses Schiff. Ich konnte ihm stundenlang zuhören, wenn er mir die fesselnde Geschichte von der Nacht ihres Untergangs erzählte. Wir saßen oft zusammen und sprachen von meinem Traum, sie zu finden. Nach und nach war die *Titanic* für mich mehr geworden als nur ein Ziel, nach dem man im tiefen Ozean sucht. Dieses größte aller Schiffsunglücke faszinierte mich in seinen menschlichen wie dramatischen Ausmaßen.

Von nun an stand ich vollständig unter dem Bann der *Titanic*.

ZWEITES KAPITEL

Das größte Schiff der Welt

Die Geschichte der *Titanic* begann, bevor überhaupt jemand daran dachte, dieses große Schiff zu bauen. Im Jahr 1898, vierzehn Jahre bevor die *Titanic* unterging, schrieb ein amerikanischer Schriftsteller namens Morgan Robertson ein Buch mit dem Titel *Das Wrack der Titan.* In seinem Roman geht ein fast mit der *Titanic* identisches Passagierschiff namens *Titan* von England aus auf Jungfernfahrt. Die *Titan* stößt im Nordatlantik mit einem Eisberg zusammen und geht mit seinen vielen reichen und berühmten Passagieren unter. Weil es zu wenig Rettungsboote gibt, müssen viele Menschen sterben. Die Geschichte der *Titan* nahm genau vorweg, was mit der *Titanic* vierzehn Jahre später geschah. Es war eine unheimliche Vorausahnung dieser furchtbaren Geschehnisse.

Im Jahr 1907, genau 10 Jahre nachdem *Das Wrack der Titan* geschrieben worden war, begannen zwei Männer, Pläne zu schmieden, die zum Bau eines wirklich titanischen Schiffes führen sollten. Bei einem Gesellschaftsessen in London, als man bei Kaffee und Zigarren saß, besprachen J. Bruce Ismay, Präsident der White Star Schiffahrtslinien, und Lord Pirrie, Vorsitzender der Werft Harland & Wolff, Pläne für den Bau von drei riesigen Ozeandampfern. Ihr Ziel war es, die Konkurrenzfähigkeit der White Star Linie im Passagierverkehr über den Atlantik mit mehreren gigantischen Schiffen, die an Komfort und Luxus nichts zu wünschen übrigließen, erheblich zu verbessern.

Die beiden Männer träumten tatsächlich in einem großen Maßstab. Als man diese schwimmenden Paläste schließlich fertiggestellt hatte, waren sie so viel größer als die übrigen Schiffe, daß man beiderseits des Atlantiks neue Docks bauen mußte, um sie versorgen zu können. Vier Jahre nach dem erwähnten Londoner Dinner ging die *Olympic,* der erste dieser großen Ozeandampfer, auf Jungfernfahrt von England nach New York.

Dann wurde am 31. Mai 1911 der **Rumpf** der *Titanic* auf der Werft Harland & Wolff in Belfast (Irland) im

Eine beliebte Darstellung: Die *Titanic* ist länger, als alle vergleichbaren Bauwerke ihrer Zeit hoch sind.

Beisein einer begeisterten Menge von mehr als 100 000 Menschen vom Stapel gelassen. Musikkapellen spielten auf, und Menschen waren meilenweit gelaufen, um dieses große Wunder der Meere zu bestaunen. 23 Tonnen Talg, Öl und Schmierseife halfen ihr, die Schiffsrutsche hinabzugleiten. Einem Augenzeugen zufolge hatte sie „ein Ruder so hoch wie eine Ulme ... und Schrauben so groß wie eine Windmühle. Alles hatte die Ausmaße wie in einem Alptraum."

In den nächsten zehn Monaten wurde die *Titanic* sorgfältig ausgestattet und bis ins kleinste Detail vorbereitet. Die Ausmaße und der Reichtum in der Ausstattung waren atemberaubend. Sie war 269 Meter lang (fast 3 Fußballfelder hintereinander), hatte neun Decks und war so hoch wie ein elfstöckiges Gebäude.

Vier gewaltige Schornsteine gaben ihr ein gigantisches Gepräge. Sie waren so groß, daß zwei Züge nebeneinander hätten durchfahren können. Beim Bau wurden drei Millionen Nieten in ihren Rumpf gehämmert. Ihre drei enormen Anker wogen zusammen 31 Tonnen — das entspricht dem Gewicht von zwanzig modernen Autos. Und auf ihre Jungfernfahrt nahm sie soviel an Lebensmitteln mit, daß es ausgereicht hätte, eine kleine Stadt über Monate damit zu versorgen.

(Oben) Einer der vier gewaltigen Schornsteine beim Verlassen des Werks
(Oben rechts) Ein Gespann von 20 Pferden zieht einen 15,5 Tonnen schweren Anker der *Titanic.*
(Rechts) Beim Schmieden der Glieder der riesigen Ankerketten.
(Unten) Auf ihrer Helling in der Belfaster Werft wird die *Titanic* für den Stapellauf vorbereitet.

Wie ihr Name schon ausdrückte, war die *Titanic* tatsächlich das größte Schiff der Welt. Sie erhält den Spitznamen „Liebling der Millionäre", und von Zeitungen auf der ganzen Welt wird sie als „das Wunderschiff", „das unsinkbare Schiff" und „das letzte Wort in Sachen Luxus" bezeichnet.

Das Kommando über diesen Ozeanriesen wird Kapitän Edward J. Smith, einem erfahrenen Schiffsführer der White Star Linie, anvertraut. Dieser stolze, weißbärtige Mann war ein geborener Anführer und bei Besatzung wie Passagieren sehr beliebt. Noch wichtiger war, daß er in seinen 38 Dienstjahren bei der White Star Linie noch nie einen Unfall gehabt hatte. Mit 59 Jahren stand er kurz vor seiner Pensionierung. Dieses letzte Kommando sollte zum krönenden Abschluß seines erfolgreichen Lebens auf See werden.

Am Mittwoch, dem 10. April 1912, schifften sich die Passagiere der *Titanic* zur Abreise nach New York in Southampton ein. Ruth Becker war von dem Schiff geblendet, als sie mit ihrer Mutter, ihrer jüngeren Schwester und dem zweijährigen Bruder Richard an Bord ging. Ruths Vater arbeitete als Missionar in Indien. Die übrige Familie wollte nach New York, um Richard, der in Indien ernsthaft erkrankt war, medizinisch versorgen zu lassen. Die Beckers hatten auf der *Titanic* eine Schiffspassage zweiter Klasse gebucht.

Die zwölf Jahre alte Ruth war entzückt über das Schiff. Als sie ihren kleinen Bruder in der Kinderkarre über Deck schob, staunte sie über das, was sie sah. „Alles war neu. Nagelneu!" erinnert sie sich später.

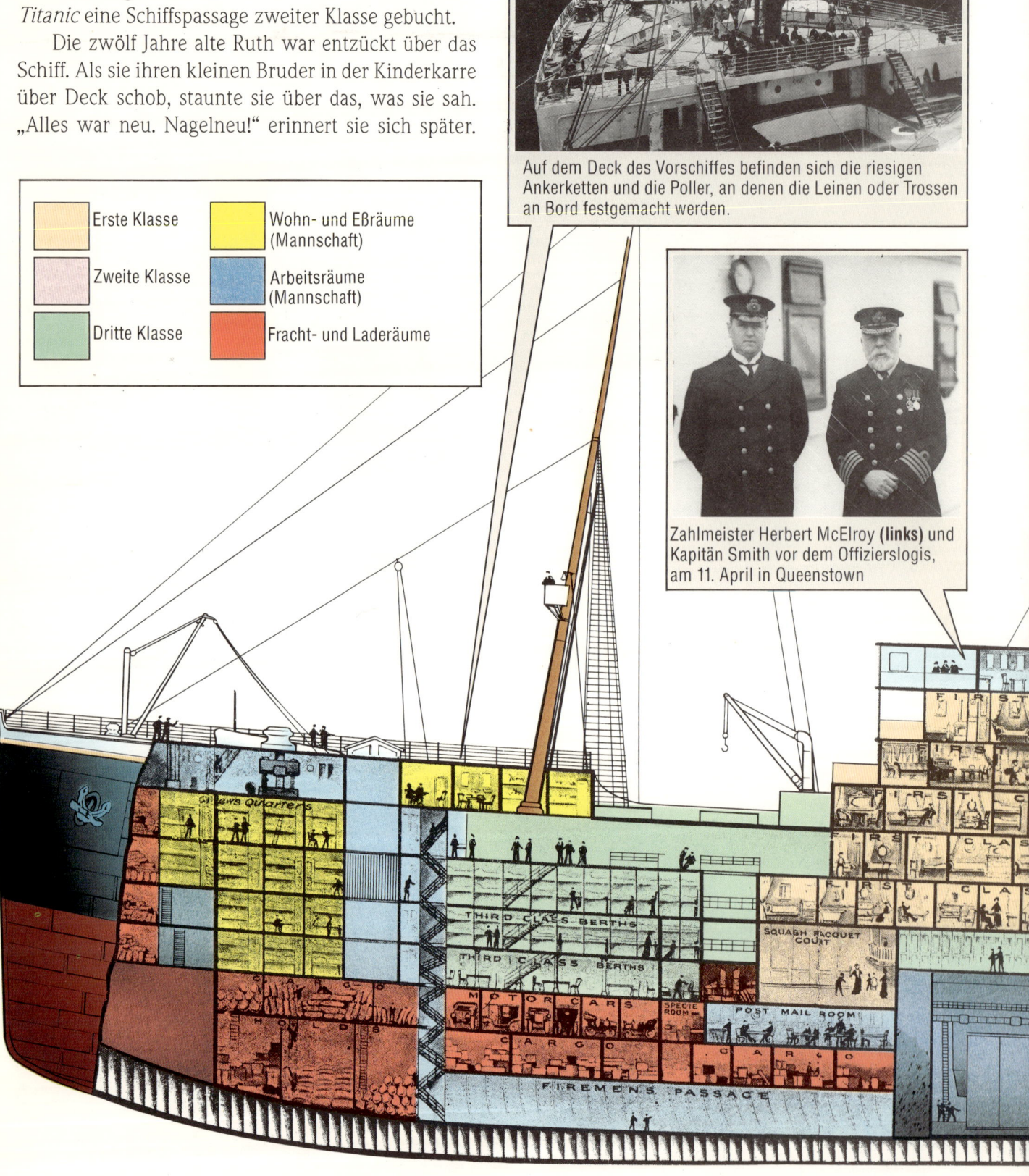

Auf dem Deck des Vorschiffes befinden sich die riesigen Ankerketten und die Poller, an denen die Leinen oder Trossen an Bord festgemacht werden.

Zahlmeister Herbert McElroy **(links)** und Kapitän Smith vor dem Offizierslogis, am 11. April in Queenstown

Erste Klasse	Wohn- und Eßräume (Mannschaft)
Zweite Klasse	Arbeitsräume (Mannschaft)
Dritte Klasse	Fracht- und Laderäume

CREWS QUARTERS

THIRD CLASS BERTHS

THIRD CLASS BERTHS

MOTOR CARS

CARGO

CARGO HOLDS

SPECIE ROOM

POST MAIL ROOM

CARGO

SQUASH RACQUET COURT

FIREMENS PASSAGE

FIRST CLASS

Dieses elegante Foyer befand sich unter der Glaskuppel, durch die Licht auf die Treppe in der Ersten Klasse fiel.

Der Sportlehrer T. W. McCawley führt das Rudergerät im Gymnastikraum des Schiffes vor.

Das Schwimmbecken war eines der ersten auf einem Ozeandampfer.

Ein junger Passagier posiert vor einer Plattform, auf der einer der Schiffskompasse montiert ist.

OFFICER'S QUARTERS

STATE ROOMS
STATE ROOMS
STATE ROOMS
STATE ROOMS
STATE ROOMS

SWIMMING BATH

GYMNASIUM

WRITING ROOM   LOUNGE

FIRST   CLASS   STATE   ROOMS   FIRST   CLA

FIRST   CLASS   STATE   ROOMS

1ST CLASS RECEPTION ROOM   FIRST CLASS DINING S

TURKISH BATH   THIRD CLASS DINING ROOM   THIRD CLA

DOUBLE BOTTOM

„Unsere Kabine war genau wie ein Hotelzimmer, es war riesengroß. Der Speisesaal war so schön — all das Leinen, all das glänzende, blankgeputzte Silber!"

Währenddessen probierte der siebzehn Jahre alte Jack Thayer aus Philadelphia die weiche Matratze auf dem breiten Bett in seiner Kabine aus. Die Luxus-Suite erster Klasse, die seine Eltern für die Familie und das Dienstmädchen reserviert hatten, war mit Teppichboden aus Plüsch ausgelegt und mit holzgetäfelten Wänden und Marmorwaschbecken im Bad ausgestattet.

Die Heizkessel der *Titanic* waren etwa 5,20 m hoch.

Tag und Nacht arbeiteten die Heizer, indem sie Kohle in die Kessel schaufelten, die den nötigen Dampf erzeugten, um die Maschine anzutreiben.

In der Zweiten Klasse liest eine Mutter ihrer Tochter aus einem Buch vor.

Während seine Eltern sich in den anliegenden Luxusräumen einrichteten, beschloß Jack, sich das phantastische Schiff mal näher anzusehen.

Auf dem A-Deck ging er in die Veranda und den Palmengarten. Er bewunderte die weißen Korbmöbel und das Efeu, das an den Spalierwänden hochwuchs. In den Decks darunter entdeckte er einen Squash-Platz, ein Schwimmbecken und ein türkisches Bad, das aussah wie ein Raum in einem Sultanspalast. Im Gymnastikraum zeigte ein Sportlehrer den Passagieren die neumodische Ausrüstung, darunter ein elektrisches Kamel, fest montierte Trimmräder und Rudergeräte. Das Tageslicht fiel durch eine riesige Glaskuppel auf die große Freitreppe, als Jack sie hinunterstieg, um in den Empfangssaal erster Klasse zu seinen Eltern zu gehen.

Dort, wo die Musikband im Hintergrund spielte, zeigte sein Vater ihm einige der anderen Passagiere erster Klasse. „Er gilt als der reichste Mann der Welt",

Auf dem achteren Promenadendeck der Ersten Klasse spielt ein sechsjähriger Junge mit seinem Kreisel. Sein Vater und andere Passagiere sehen ihm dabei zu.

Die *Titanic* hatte drei Schiffsschrauben von 4,90 Meter (Mitte) und 7 Meter (außen) Durchmesser.

(Rechts innen) Foto aus dem Jahr 1912 von Ruth Becker mit ihrem 2 Jahre alten Bruder Richard. Darunter ein Kabinenraum Zweiter Klasse, wie die Beckers eine gebucht hatten, mit einer Waschkommode und schwenkbaren Schüsseln, wodurch das Wasser ablaufen konnte.
(Unten) Topfpalmen und Korbgarnituren im Aufenthaltsraum Erster Klasse, in dem man sich gerne vor dem Essen traf

J. Bruce Ismay, der Präsident der White Star Reederei, schritt durch den Saal, begrüßte verschiedene Leute und sprach kurz mit ihnen. Er wollte sich vergewissern, daß seine wohlhabenden Passagiere gut untergebracht waren und sich an Bord seines schwimmenden Palastes sicher und wohl fühlten.

Und als Ruth Beckers Mutter sich wirklich bei einem der **Stewards** aus der zweiten Klasse erkundigte, wie es um die Sicherheit des Schiffs bestellt sei, erhielt sie die Antwort, daß sie sich darum absolut keine Sorgen zu machen brauche. Das Schiff habe 15 wasserdichte **Schotte** (Querwände) und könne sich deshalb unendlich lange auf dem Wasser halten. Die Passagiere sprachen deshalb oft davon, daß das Schiff unsinkbar sei.

1912 wurden die Menschen noch in soziale Schichten aufgeteilt, je nach Familienhintergrund, Wohlstand und Ausbildung. Wegen dieser Schichten glich die *Titanic* daher einem großen schwimmenden Schichtkuchen. Die unterste Schicht bestand aus **Heizern** und Maschinisten, die in der Hitze und dem Schmutz der Kesselanlage und des Maschinenraums körperlich schwer arbeiten mußten. Die nächste Schicht bestand aus den Passagieren dritter Klasse, Menschen verschiedener Nationalitäten, die in Amerika einen Neuanfang wagen wollten. Danach kam die zweite Klasse — Lehrer, Händler und Berufstätige mit kleinem Wohlstand wie Ruths Familie. Zuoberst

sagte sein Vater über Oberst John Jacob Astor, der in Begleitung seiner jungen Frau erschienen war. Mr. und Mrs. Straus, die Gründer von Macy's aus New York, dem größten Kaufhaus der Welt, erkannte er auch. Der Millionär Benjamin Guggenheim war ebenso an Bord wie die Freunde von Jacks Eltern aus Philadelphia, Mr. und Mrs. George Widener mit ihrem Sohn George. Mr. Widener hatte mit dem Bau von Straßenbahnen ein Vermögen verdient. Mr. und Mrs. William Carter waren auch Freunde der Thayers aus Philadelphia. In einem der **Laderäume** des Schiffes verstaut stand ihr neuer Renault, den sie aus England mit nach Amerika nahmen.

(**Rechts innen**) Jack Thayer im Alter von 16 Jahren. Der Raum darunter zeigt eine großzügig ausgestattete Luxuskabine Erster Klasse.
(**Unten**) Ruhe- und Erholungsraum für Passagiere Erster Klasse, die das Türkische Bad besuchten.

in der ersten Klasse dann schließlich die Creme für den Kuchen: die Reichen und die Aristokraten. Die Unterschiede zwischen diesen Schichten waren gewaltig. Während die Wohlhabenden ihre Dienstmädchen und Diener sowie Berge von Gepäck mitgebracht hatten, verdienten die Mitglieder der Besatzung so wenig, daß sie jahrelang hätten sparen müssen, um eine Schiffspassage in der ersten Klasse bezahlen zu können.

Am Mittwoch, dem 10. April, läuft die *Titanic* aus. Die Dampfpfeifen an den Schornsteinen waren die größten, die man jemals gebaut hatte. Als das Schiff seine Seereise begann, konnte man sie meilenweit hören.

Majestätisch glitt der Ozeanriese den Fluß Test hinunter, und eine Menschenmenge, die eigens zu diesem Schauspiel hergekommen war, sah zu, wie die *Titanic* langsam an zwei Schiffen vorüberfuhr, die angedockt hatten. Plötzlich rissen die Vertäuungsseile des amerikanischen Dampfers *New York* mit mehrmaligem lauten Knallen wie bei einem Feuerwerk. Als die *Titanic* an ihm vorbeifuhr, hatte nämlich der enorme Sog ihrer Schiffsschrauben den Dampfer aus seiner Vertäuung gerissen. Nun trieb das Heck auf die *Titanic* zu. Jack Thayer beobachtete, wie die beiden Schiffe langsam aufeinander zukamen. „Es sah nach einem unvermeidlichen Zusammenstoß aus", notierte er später in seinem Buch. „Das **Heck** des Dampfers war nicht weiter als einen oder zwei Meter von unserem entfernt. Beinahe wären wir zusammengestoßen." Durch ein schnelles Rudermanöver von Kapitän Smith und die rasche Reaktion eines Schlepperkapitäns, der die *New York* aus der Gefahrenzone wegzog, könnte die *Titanic* im letzten Augenblick um Haaresbreite an dem Dampfer vorbeiziehen.

Das war kein gutes Zeichen. Bedeutete das etwa, daß die *Titanic* als Schiff einfach zu groß war, um sicher manövriert zu werden? Alle diejenigen, die etwas von der Schiffahrt verstehen, dachten womöglich, daß ein solches Beinahe-Unglück zu Beginn einer Jungfernfahrt vielleicht doch ein sehr schlechtes Omen sei.

DRITTES KAPITEL

Die schicksalhafte Nacht

Jack Phillips, der Erste Funker an Bord der *Titanic*, kritzelte die Nachricht, die er über Kopfhörer empfing, flüchtig auf ein Stück Papier. „Wieder eine Eisbergwarnung", sagte er müde zu seinem jungen Helfer Harold Bride. „Die bringst du besser zur Brücke rauf." Beide Funker waren schon seit Stunden im Funkraum der *Titanic* ununterbrochen bei der Arbeit, da sie versuchten, die zahlreichen Funksprüche der Passagiere abzusetzen. 1912 war es für die Passagiere an Bord eines Ozeanriesen noch ziemlich neu und daher eine Sensation, daß sie mitten auf dem Ozean persönliche Grußbotschaften an Freunde und Bekannte versenden konnten.

Bride schnappte sich das Papier mit der Eisbergwarnung und ging hinaus auf das **Bootsdeck**. Es war ein klarer und sonniger, doch kalter Sonntagmorgen, der vierte Tag auf der Jungfernfahrt der *Titanic*. Das

Funker in einem Funkraum, ähnlich dem der *Titanic*, an Bord eines Schiffes

Schiff stampfte volle Kraft voraus durch eine ruhige See. Harold Bride war mit sich sehr zufrieden, da es ihm gelungen war, eine Arbeit auf einem solch herrlichen neuen Schiff zu finden. Schließlich war er erst zweiundzwanzig Jahre alt und hatte nur neun Monate Erfahrung als Funker „am drahtlosen Telegraphen", wie man das Funkgerät eines Schiffes damals nannte. Als er das **Ruderhaus** betrat, das Kontrollzentrum der *Titanic*, konnte er den Lotsen hinter dem Ruder erkennen, der das Schiff auf seinem Kurs nach New York steuerte.

Kapitän Smith tat gerade Dienst auf der **Brücke**, deshalb händigte Bride ihm die Meldung aus. „Sie kommt von der *Caronia*, Sir. Sie meldet Eisberge und Packeis voraus." Der Kapitän dankte ihm, las die Meldung und heftete sie dann an die Wandtafel, damit die anderen diensthabenden Offiziere sie auch lesen konnten. Auf seinem Weg hinunter in den Funkraum dachte Bride, daß der Kapitän nicht gerade den Eindruck gemacht hatte, als beunruhige ihn diese Meldung sehr. Aber er hatte auch davon gehört, daß es nicht unüblich war, auf Packeis zu stoßen, wenn man im April den Atlantik überquerte. Davon abgesehen, was konnten ein paar Eisbrocken denn schon einem unsinkbaren Schiff anhaben?

Anderswo an Bord ruhten Passagiere sich in Liegestühlen aus, lasen oder machten ein kleines Nickerchen. Manche spielten Karten, einige schrieben Briefe, andere wiederum unterhielten sich mit ihren Freunden. Da es Sonntag war, hatte man am Morgen Gottesdienste abgehalten; der für die erste Klasse war von Kapitän Smith persönlich geleitet worden. Jack Thayer verbrachte den größten Teil des Tages damit, auf den Decks herumzulaufen und mit seinen Eltern etwas frische Seeluft zu schnappen.

Zwei weitere Eiswarnungen von Schiffen in der Nähe wurden nach dem Mittagessen empfangen. Wegen der vielen Arbeit im Funkraum konnte Harold

Die Titanic nach dem Ablegen von Queenstown.

Bride nur eine der Warnungen zur Brücke bringen. Der Rest des Tages verlief ruhig. Dann, am späten Nachmittag, fiel die Temperatur plötzlich. Es wurde bereits dunkel, als das Hornsignal zum Abendessen gegeben wurde.

Jack Thayers Eltern waren zu einem Essen zu Ehren des Kapitäns eingeladen worden; deshalb aß Jack allein im Speisesaal erster Klasse. Nach dem Essen — er trank gerade eine Tasse Kaffee — setzte sich Milton Long zu ihm, ein anderer Passagier, der auch nach Hause fuhr. Long war einige Jahre älter als Jack, doch in der entspannten Atmosphäre während der Schiffsreise kam man schnell ins Gespräch und unterhielt sich etwa eine Stunde.

Um 19.30 Uhr erhielt der Funkraum drei weitere Warnungen über Eis in fünfzig Meilen voraus. Eine kam von dem Dampfer *Californian,* der drei Eisberge gesichtet hatte. Harold Bride brachte diese Meldung wieder zur Brücke und wurde dort wieder freundlich aufgenommen.

Kapitän Smith nahm gerade an dem Essen teil, das zu seinen Ehren veranstaltet wurde, als die Eismeldung auf der Brücke eintraf. Er hat sie nie zu Gesicht bekommen. Dann, etwa gegen 21 Uhr, entschuldigte er sich bei Tisch und ging zur Kommandobrücke. Dort besprach er mit seinen Offizieren, wie schwierig es sei, in einer ruhigen, klaren, mondscheinlosen Nacht wie dieser einen Eisberg zu sichten, wenn nicht einmal ein leiser Wind etwas Brandung aufwirbelte. Bevor er zu Bett ging, befahl er den Leuten im **Ausguck,** besonders scharf nach Eisbergen Ausschau zu halten.

Nachdem er mit Milton Long Reiseerlebnisse ausgetauscht hatte, zog Jack Thayer seinen Mantel an und ging an Deck spazieren. „Es war inzwischen viel kälter geworden", sagte er später. „Die Nacht war hell und sternenklar. Es gab keinen Mond, und nie habe ich die Sterne kräftiger scheinen sehen . . . Sie glitzerten wie Diamanten . . . Es war eine Nacht, die einen

glücklich machte, daß man lebt." Um elf Uhr ging er in seine Kabine, zog seinen Pyjama an und machte sich bettfertig.

Harold Bride war wieder im Funkraum und vollkommen erschöpft. Von den beiden Funkern wurde erwartet, daß sie rund um die Uhr arbeiteten, und Bride hatte sich nun zu einem Nickerchen auf die Couch hingelegt. Sein Kollege Phillips war so sehr mit den Funkaufträgen der Passagiere beschäftigt, daß er die letzte Eiswarnung an diesem Abend einfach wegwischte. Sie kam von der *Californian,* die in einem Eisgebiet gefangensaß und ihre Motoren für die Nacht gestoppt hatte. Das Schiff befand sich nur etwa neunzehn Meilen nördlich der *Titanic* und war ihr so nahe, daß Phillips glaubte, die Funkmeldung würde sein Ohr zerreißen. Verärgert über diese laute Unterbrechung seiner Arbeit, fuhr er den Funker der *Californian* an mit den Worten: „Mensch, halt's Maul. Ich hab zu tun."

Im Funkraum waren im Laufe des Tages insgesamt sieben Eiswarnungen eingegangen. Damit stand fest, daß Eisberge die Route der *Titanic* kreuzen würden.

Hoch oben im Ausguck am Vormast verbrachte Fred Fleet eine ruhige Wache. Es war 23.40 Uhr, sein Kumpel und er warteten darauf, in zwanzig Minuten

(Oben) Eine der Eisbergwarnungen, die die *Titanic* erhielt und nach Washington weitergab
(Unten) Erster Funker Jack Phillips **(links)** und sein Assistent Harold Bride

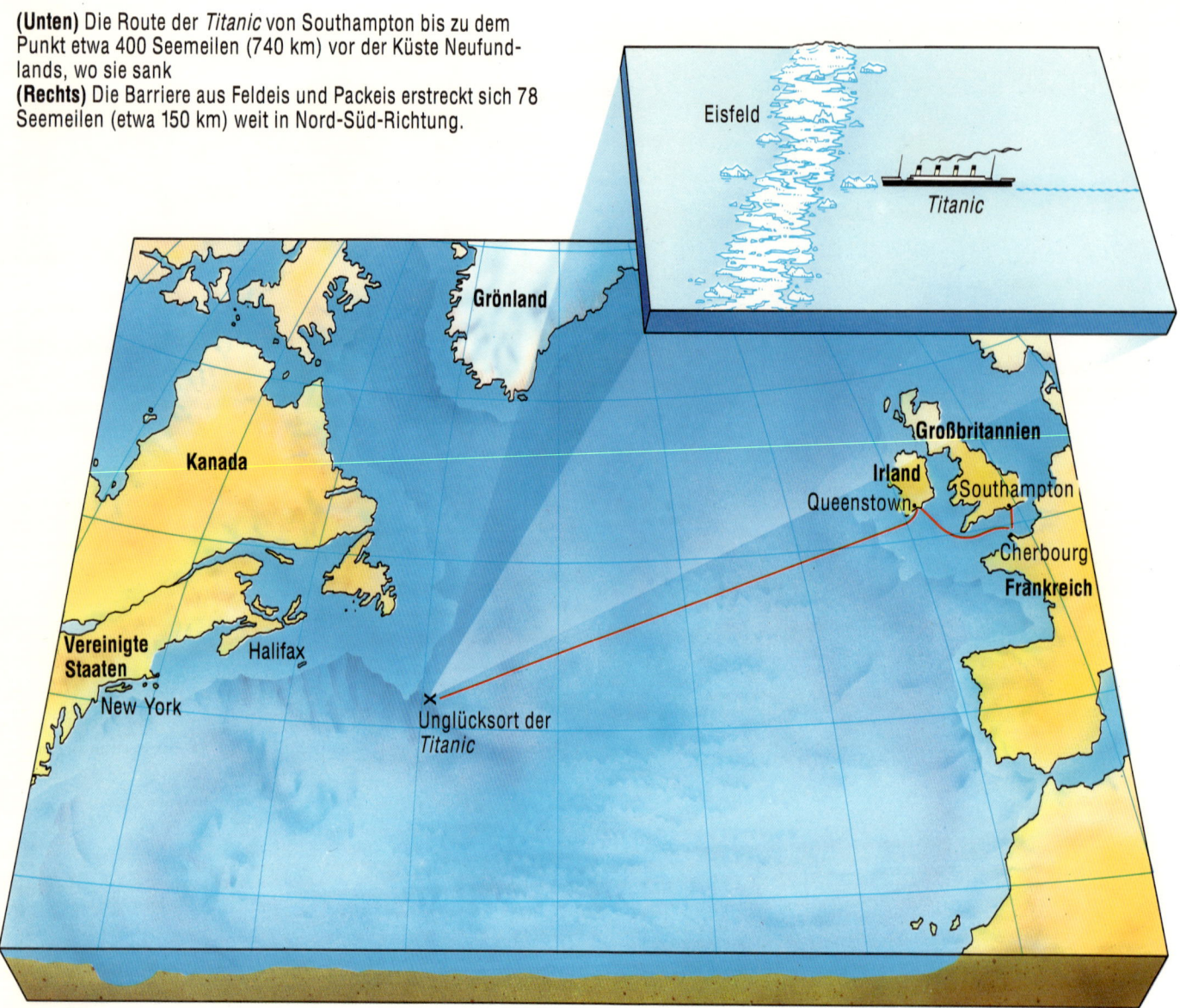

(Unten) Die Route der *Titanic* von Southampton bis zu dem Punkt etwa 400 Seemeilen (740 km) vor der Küste Neufundlands, wo sie sank

(Rechts) Die Barriere aus Feldeis und Packeis erstreckt sich 78 Seemeilen (etwa 150 km) weit in Nord-Süd-Richtung.

Eisfeld

Titanic

Grönland

Kanada

Großbritannien

Irland

Queenstown

Southampton

Cherbourg

Frankreich

Vereinigte Staaten

Halifax

New York

×
Unglücksort der *Titanic*

abgelöst zu werden. Dann wollten sie sich noch einen warmen Trank genehmigen, bevor sie in ihre Kojen stiegen. Die See lag totenstill. Die Luft war schneidend kalt.

Plötzlich sah Fleet etwas direkt voraus. Ein riesiger, dunkler Schatten trat aus der Dunkelheit hervor und trieb geradewegs auf die *Titanic* zu. Ein Eisberg! Sofort läutete Fleet dreimal die Alarmglocke und hob das Telefon ab.

„Was haben Sie gesehen?" fragte ihn der wachhabende Offizier ruhig.

„Eisberg direkt voraus", antwortete Fleet.

Sofort gab der Offizier an der Brücke Befehl, das Ruder hart **backbord** herumzureißen. Der Maschinenraum erhielt Order, äußerste Kraft zurück zu machen. Die Schiebetüren in den wasserdicht schließenden Schotten wurden per Hebel heruntergelassen.

Doch es war zu spät. Der Dampfer hatte zwar einen Frontalzusammenstoß vermeiden können, aber der Eisberg hatte die *Titanic* **steuerbords** gestreift. Mehrere Tonnen Eis waren auf die Schiffdecks gefallen, als der Eisberg an dem Schiff entlanggeschrammt war, bevor er in der dunklen Nacht verschwand. Ein paar Minuten später stoppte die *Titanic*.

Viele der Passagiere hatten nicht mitbekommen, daß das Schiff gegen etwas gefahren war. Weil es so kalt war, saßen die meisten Leute drinnen oder waren bereits ins Bett gegangen. Ruth Becker und ihre Mutter wurden von der Totenstille geweckt. Sie vermißten das besänftigende Summen der vibrierenden Maschinen. Jack Thayer wollte gerade ins Bett steigen, als er bemerkte, daß er ein wenig schwankte. Die Maschinen waren gestoppt worden, und über die plötzliche Stille war er beunruhigt.

Der Eisberg schrammt an der *Titanic* entlang. Im Querschnitt erkennt man die übereinandergestapelten Decks. Das kleine Innenbild (oben) zeigt, daß nur die Spitze eines Eisbergs (1/5 bis 1/8) über Wasser sichtbar ist.

Ruths Mutter hatte eine Vorahnung, steckte den Kopf zur Tür hinaus und fragte einen Steward auf dem Gang, was es denn gebe. Er antwortete ihr, daß nichts geschehen sei. Sie schloß die Tür und legte sich wieder ins Bett. Dort lag sie lange wach, denn sie spürte, daß irgend etwas überhaupt nicht in Ordnung war.

Jack Thayer hatte das Geräusch von rennenden Füßen und Stimmen auf dem Gang draußen vor seiner Kabine erster Klasse gehört. „Ich zog sofort meinen dicken Mantel an und stieg in meine Schuhe. Ganz aufgeregt, noch ohne zu wissen, daß etwas Schlimmes geschehen war, rief ich meinen Eltern zu, ich wolle aus Spaß noch einmal an Deck gehen.“

Auf Deck sah Jack einige Passagiere dritter Klasse mit dem Eis spielen, das auf dem Deck des Vorderschiffs gelandet war, als der Eisberg daran vorbeigerutscht war. Einige machten eine Schneeballschlacht, während andere mit den Eisklumpen spielten und ins Rutschen kamen.

Tief unten im Schiff stellten sich die Dinge vollkommen anders dar. Als der Eisberg an Steuerbord vorbeigeschrammt war, hatte es einen mächtigen Lärm gegeben, als ob eine Kanone in einem der Heizkessel abgefeuert worden wäre. Einige der Heizer waren sofort von einem Strahl eiskalten Wassers getroffen worden. Der Lärm und der durch das eiskalte Wasser verursachte Schrecken hatte sie sofort um ihr Leben laufen lassen.

(Links außen) Kapitän Edward J. Smith
(Links) Thomas Andrews, der Konstrukteur der *Titanic*
(Unten) Die Schiebetür in einer wasserdichten Schottwand der *Titanic*. Diese Türen konnten durch Umlegen eines Schalters auf der Brücke automatisch geschlossen werden.

Zwanzig Minuten nach dem Zusammenstoß sah die Situation für Kapitän Smith wirklich böse aus. Mit Thomas Andrews, dem Konstrukteur des Schiffes, hatte er eine rasche Inspektionsrunde unter Deck gemacht, um den Schaden zu inspizieren. Der Postraum hatte sich bereits mit Wasser gefüllt, die Postsäcke schwammen darin herum.

Kapitän Smith wußte, daß der Rumpf der *Titanic* von einer Anzahl wasserdichter Abteilungen (Schotte) unterteilt war. Sie waren so berechnet, daß das Schiff auch dann noch weiter schwimmen konnte, wenn nur die vier ersten überflutet waren, jedoch keine weitere darüber hinaus. Doch Wasser lief in die *fünf* ersten Abteilungen hinein. Und wenn die erst mal vollgelaufen waren, würde das Wasser in die hinteren überlaufen, bis eine Abteilung nach der anderen voll Wasser stände und das Schiff sinken müßte. Andrews teilte dem Kapitän mit, daß das Schiff eine Stunde, jedoch höchstens anderthalb Stunden standhalten könne.

Harold Bride war gerade im Funkraum wachgeworden, als Kapitän Smith seinen Kopf zur Tür hereinsteckte. „Funken Sie den Hilferuf", befahl er.

„Welchen Ruf soll ich senden?" frage Phillips.

„Den internationalen Seenotruf. Das genügt."

Dann war der Kapitän verschwunden. Phillips begann, den Hilferuf **C.Q.D.** nach dem **Morsealphabet** durchzugeben; dabei blitzten und lachten seine Augen. Denn schließlich wußte er, daß das Schiff nicht untergehen konnte.

Fünf Minuten später war der Kapitän wieder da. „Was senden Sie denn?" fragte er.

„C.Q.D." antwortete Phillips. Dann unterbrach Bride ihn und schlug vor, daß sie doch mal das neue internationale Signal für den Notruf senden sollten — es war einer der ersten **S.O.S.**-Rufe, die von einem Schiff in Seenot ausging.

Ruth und ihre Familie hatten bereits eine gute Viertelstunde in ihrer Koje gestanden, nachdem der Steward ihnen geantwortet hatte, daß alles in Ordnung sei. Doch Ruths Mutter konnte sich nicht beruhigen, da sie die rennenden Füße und die Stimmen auf den Gängen hörte. Sie steckte noch einmal ihren Kopf aus der Tür und fragte einen Steward, was es denn gebe.

Um 0.45 Uhr liegt die *Titanic* mit dem Bug bereits tief im Wasser, und die erste Seenotrakete wird abgefeuert. (Skizze)
Die *Titanic* war durch 15 Schotte in 16 angeblich „wasserdichte" Abteilungen eingeteilt. Da die Schotte nicht versiegelt waren, konnte das Wasser von einer Abteilung in die nächste überlaufen und das Schiff zum Sinken bringen.

„Werfen Sie sich etwas über und kommen Sie schleunigst mit!" sagte der Steward.

„Haben wir denn keine Zeit, uns anzuziehen?" fragte sie.

„Nein, Madam. Sie haben überhaupt keine Zeit mehr. Legen Sie Ihre Schwimmwesten an und kommen Sie mit mir an Deck!"

Ruth half ihrer Mutter, schnell die Geschwister anzukleiden. Doch ihnen blieb nur die Zeit, die Mäntel über die Schlafanzüge sowie Socken und Schuhe anzuziehen. In ihrer Hast vergaßen sie, die Schwimmwesten anzulegen.

Kurz nach Mitternacht befahl Kapitän Smith, die Rettungsboote vorzubereiten. Der Squash-Platz, der etwa 10 Meter über **Kiel** lag, stand inzwischen vollkommen unter Wasser. Jack Thayer und sein Vater gingen in den Aufenthaltsraum erster Klasse, um herauszufinden, was wirklich los war. Als Thomas Andrews, der Schiffskonstrukteur vorbeikam, fragte Mr. Thayer ihn. Er antwortete mit leiser Stimme, daß das Schiff nur noch etwas mehr als eine Stunde überleben würde. Jack und sein Vater trauten ihren Ohren nicht.

Von der Brücke der *Titanic* aus konnte man in der Nähe die Lichter eines anderen Schiffes erkennen, möglicherweise waren es die der *Californian.* Da befahl Kapitän Smith, Leuchtraketen abzuschießen, um die Aufmerksamkeit des nahen Schiffes auf sich zu lenken. Die Raketen zersprangen hoch am Himmel mit einem lauten Knall und einem Sternenschauer. Aber auch diese Seenotraketen änderten nichts daran, daß das geheimnisvolle Schiff in nächster Nähe nie darauf antwortete.

Im Funkraum wußten Bride und Phillips nun, wie ernst die Lage war. Sie sandten fieberhaft Notrufe aus. Eine Reihe von Schiffen empfingen ihre Funksprüche und antworteten darauf, aber die meisten waren zu weit weg, um zu Hilfe kommen zu können. Das nächste Schiff, die *Carpathia,* befand sich etwa 58 Seemeilen südöstlich. Sofort meldete die *Carpathia,* daß sie volle Kraft voraus zu Hilfe eile. Aber konnte sie überhaupt noch rechtzeitig eintreffen?

Nicht weit davon entfernt war der Funker der *Californian* zu Bett gegangen und hatte sein Funkgerät für die Nacht abgeschaltet. Einige von der Besatzung der *Californian* waren an Deck gegangen, sahen Leuchtraketen am Horizont aufleuchten und berichteten dies ihrem Kapitän. Er fragte sie, von welcher Farbe die Leuchtraketen gewesen seien, und beauftragte sie, mit der Morselampe Kontakt zu diesem Schiff aufzunehmen. Doch auf ihre Lichtsignale erhielten sie keine Antwort. Keiner kam auf die Idee, den Funker zu wecken.

An Bord der *Titanic* waren die meisten Passagiere eine Stunde nach dem Zusammenstoß über den Ernst der Lage noch nicht im klaren. Aber Kapitän Smith war sehr besorgt. Er wußte nämlich, daß die *Titanic* nur für etwa die Hälfte der geschätzten 2200 Passagiere an Bord Rettungsboote mitführte. Er wollte dafür sorgen, daß seine Offiziere alles taten, damit eine Panik an Bord verhindert würde. Um 0.30 Uhr gab er den Befehl, die Rettungsboote startklar zu machen und zu beladen — Frauen und Kinder zuerst. Obwohl das Schiff inzwischen erkennbar am Bug gesunken

war und auch schon leichte Schlagseite hatte, dachten viele Passagiere nicht daran, das große, hell erleuchtete Schiff zu verlassen. Die Musikband an Bord trug zu einer Partystimmung bei, indem sie spritzige Melodien spielte.

Gegen 0.45 Uhr wurde das erste Rettungsboot **abgefiert.** Es hätte 65 Passagiere aufnehmen können, hatte aber nur 28 an Bord. Tatsächlich waren viele der Rettungsboote, die zuerst zu Wasser gelassen wurden, noch halbleer. Ruth Becker fiel auf, daß es nicht die leiseste Spur einer Panik unter den Menschen gab, die sich an Deck befanden. „Alles war ruhig, alles ging geordnet vor sich." Doch die Nachtluft war beißend kalt

geworden. Ruth wurde von ihrer Mutter gebeten, in ihre Kabine zu gehen, um ein paar Wolldecken zu holen. Sie rannte hinunter und kam kurz darauf mit mehreren Decken zurück, die sie unter die Arme geklemmt hatte. Die Beckers gingen nun alle zu einem der Rettungsboote, ein Matrose packte Ruths Bruder und Schwester und stellte sie ins Boot.

„Das ist genug für dieses Boot", schrie er. „Abfieren!"

„Aber das sind doch meine Kinder!" rief Ruths Mutter verzweifelt aus. „Bitte lassen Sie mich zu ihnen!"

Der Matrose erlaubte ihr, ins Boot zu ihren Kindern zu steigen. Dann rief Mrs. Becker Ruth etwas zu, die noch immer darauf wartete, in ein Boot steigen zu dürfen. Ruth ging zum nächsten Boot und fragte den Offizier, ob sie ins Boot klettern dürfe. Er sagte „Sicher!", packte sie und half ihr ins Boot.

Das Boot Nr. 13 war so voll, daß Ruth stehen mußte. Meter um Meter wurde es langsam an der steilen Wand des gewaltigen Schiffes herabgelassen. Die neuen Flaschenzüge quietschten unter dem Gewicht des Bootes, das 64 Personen geladen hatte. Nachdem es auf dem Wasser aufgesetzt hatte, begann Ruths Boot sofort abzutreiben. Plötzlich sah Ruth, wie ein anderes Rettungsboot genau über ihren Köpfen abgefiert wurde. Die Männer, die das Boot steuerten, schrien aus Leibeskräften den Matrosen an Bord etwas zu, da sie um ihr Leben fürchten mußten. Aber der allgemeine Lärm war so groß, daß niemand von den Rufen Notiz nahm. Das Boot über ihnen kam nun

so nah, daß sie den Bootskiel mit den Händen berühren konnten. Plötzlich sprang einer der Männer in Ruths Boot auf, nahm sein Messer und schnitt ihr Boot von den Tauen los, an denen man es zu Wasser gelassen hatte. Ruths Boot stieß genau in dem Augenblick von der *Titanic* weg, als das andere Boot auf dem Wasser aufsetzte.

Auf dem Deck dritter Klasse der *Titanic* gab es sehr viel mehr Durcheinander und Aufregung. Den meisten dieser Passagiere dort war es nicht gelungen, auf das Bootsdeck zu kommen. Einige, die es dennoch schafften, mußten die Sperre zwischen der ersten und der dritten Klasse niederreißen.

Um 1.30 Uhr saß der Bug bereits deutlich tiefer im Wasser, und den meisten an Deck fiel die Schräge auf. Im Funkraum waren Bride und Phillips noch immer verzweifelt damit beschäftigt, Notrufe abzusetzen: „Wir sinken schnell", und „Frauen und Kinder sind in den Booten. Wir schaffen es nicht länger." Gegen 2 Uhr wurde das Funksignal schwächer und schwächer, da die Stromversorgung des Schiffes nachließ. Draußen an Deck begaben sich die meisten Leute nun zum Achterschiff, das sich leicht aus dem Wasser in die Höhe hob.

Um 2.05 Uhr befanden sich immer noch über 1500 Menschen auf dem sinkenden Schiff. Alle Rettungsboote waren inzwischen abgefiert worden. Eine merkwürdige Stille herrschte. Die Menschen standen ruhig auf dem Oberdeck, hatten sich wegen der Kälte

(Nächste Seite) Die letzten Augenblicke der *Titanic*

KEN MARSCHALL · 1974

zusammengeschlossen und versuchten, sich von der schrägen Seite des Schiffs fernzuhalten.

Kapitän Smith ging nun zum Funkraum und sagte Harold Bride und Phillips, sie sollten jetzt an sich selber denken. „Männer, ihr habt eure Pflicht getan", sagte er den beiden. „Mehr könnt ihr nicht tun. Jetzt muß jeder für sich sorgen." Phillips blieb aber am Funkgerät und betätigte die Morsetaste bis zum allerletzten Augenblick. Plötzlich hörte Bride, wie das Wasser auf dem Gang vor dem Funkraum wirbelte. Phillips hatte es auch gehört und schrie: „Los, komm, wir hauen hier ab!"

In der Nähe des Hecks hatte Pater Thomas Byles die Beichte gehört und mehr als hundert Passagieren die Absolution erteilt. Die tapfere Musikband an Bord, die nicht zu spielen aufgehört hatte, mußte nun aufgeben und versuchen, sich zu retten. Als das Wasser langsam das schräge Achterdeck hinaufgekrochen kam, sprangen manche der Passagiere und der Besatzung aus lauter Verzweiflung über Bord.

Jack Thayer stand mit seinem Freund Milton Long an der Reling des Achterdecks etwas abseits von der Menge. In der Verwirrung an Deck war er von seinen Eltern getrennt worden. Nun hörten Jack und sein Freund gedämpftes Dröhnen und Explosionen tief im Schiffsinnern. Plötzlich begann die Titanic, tiefer ins Wasser zu gleiten. Das Wasser schwappte zu ihnen hoch. Thayer und Long sagten sich schnell Lebewohl, wünschten einander viel Glück und sprangen.

Als Jack Thayer auf dem Wasser aufklatschte, wurde er weggesogen. „Die Kälte war fürchterlich. Der Schock des Wassers nahm mir den Atem aus den Lungen. Tiefer und tiefer wurde ich hinuntergewirbelt, in alle Richtungen." Als er schließlich wieder an die Wasseroberfläche kam, nach Luft schnappend und ganz benommen von der Eiseskälte, war das Schiff ungefähr 12 Meter von ihm entfernt. Sein Freund Milton Long war nirgends zu entdecken. Jack sollte ihn nie mehr wiedersehen.

Jack Thayer hatte Glück. Als er im Wasser ums Überleben kämpfte, traf seine Hand auf ein umgekipptes Rettungsboot. Er griff danach, hielt sich daran fest und schaffte es, sich etwas aus dem Wasser herauszuziehen. Es war dasselbe Boot, an das sich auch Harold Bride klammerte, nachdem er über Bord gespült worden war.

Jack und Harold erlebten die letzten, auswegslosen Augenblicke des mächtigen Schiffes mit. „Wir konnten Gruppen von . . . Menschen an Bord sehen, die sich in Trauben festklammerten, wie Bienenschwärme; dann fielen sie gemeinsam, zu Paaren oder einzeln, als der große Teil des Schiffes . . . in den Himmel wuchs . . ." sagte Thayer. „Ich sah nach oben — wir befanden uns direkt unter den drei gewaltigen Schiffsschrauben. Einen kurzen Moment lang dachte ich, sie könnten genau auf unsere Köpfe fallen. Dann . . . versanken sie friedlich vor uns im Meer."

Von ihrem Rettungsboot aus erlebte auch Ruth Becker das Ende der Titanic mit. „Ich konnte mich umdrehen und dieses Schiff sehen, und an Deck standen Ketten von Menschen aufgereiht. Als dann schließlich die Titanic schneller sank, gingen an Bord die Lichter aus. Das Heck blieb für einige Minuten steil aufrecht stehen. Dann . . . ging es unter."

Rettung durch die *Carpathia*

Arthur Rostron, Kapitän der *Carpathia* (Foto rechts innen), ist der eigentliche Held des *Titanic*-Untergangs. Als sein Schiff den Notruf der *Titanic* erhält, gibt er — trotz des gefährlichen Packeises — sofort Befehl, zur Unglücksstelle zu eilen. Um 4.00 Uhr kommt er dort an, doch trifft er nur noch die Rettungsboote mit den 705 Passagieren an. Das Foto (unten) und die Illustration (rechts unten) zeigen, wie sich die Rettungsboote in der Morgendämmerung der *Carpathia* nähern. Ein Besatzungsmitglied (Foto ganz rechts) steckt seinen Kopf raus, um die Übernahme der Passagiere der *Titanic* zu überwachen. An das umgekippte Rettungsboot (rechtes Foto) hatten sich Harold Bride und Jack Thayer die ganze Nacht über geklammert. Es war ein leinwandbespanntes Notboot, das über Bord gespült und so zum Rettungsanker für 28 Menschen geworden war.

„Danach", so erinnert sie sich, „drang an unsere Ohren der furchtbarste Lärm, den menschliche Lebewesen jemals hören können — die Schreie der Hunderte von Leuten, die im eiskalten Wasser ums Überleben kämpften, die um Hilfe schrien. Und wir wußten, daß diese Hilferufe ohne Antwort bleiben würden." In Thayers eigenen Worten wurden sie zu „einem langen, ununterbrochen wehklagenden Sing-Sang". Nicht lange darauf verstummte dieses gespenstische Wehklagen, nachdem das eiskalte Wasser seinen Blutzoll erhalten hatte.

Jack Thayer und Harold Bride und eine Reihe anderer Überlebender klammerten sich an das umgekippte Rettungsboot, nur ein paar Fingerbreit entfernt vom Tod im eiskalten Wasser des Nordatlantik. Von der Kälte abgestumpft und in der Angst, eine kleine Bewegung von ihnen könnte das Boot schließlich doch noch zum Sinken bringen, beteten sie und sangen Hymnen, während sie auf Rettung warteten. Dann, als das erste Morgenlicht über den Horizont kroch, sahen sie den Widerschein einer Leuchtrakete in der Ferne. Endlich war die *Carpathia* gekommen, um sie zu retten.

VIERTES KAPITEL

Die Entdeckung

„Rettungsboote!" rief ich aufgeregt zu Jean-Louis und zeigte auf die Seekarte, die auf dem Kartentisch lag. „Wir wissen, daß die *Carpathia* die Rettungsboote genau hier aufgelesen hat. Die *Titanic* muß also nördlich davon zu finden sein. Wenn wir hier mit der Suche beginnen und uns dann nach Norden vorarbeiten, dann müssen wir sie einfach finden." Mein französischer Partner und Freund Jean-Louis Michel und ich steckten die Köpfe über den Seekarten zusammen, die vor uns ausgebreitet lagen. Wir befanden uns an Bord der *Knorr,* dem Forschungsschiff von Woods Hole. Weit draußen auf dem Atlantischen Ozean steckten wir im August 1985 unsere neue Strategie für die Suche nach der *Titanic* ab. In den sechs Wochen bisher hatten wir immer noch nichts gefunden. Deshalb waren neue Überlegungen angesagt. Und ich betete darum, daß uns das Glück nicht im Stich ließ.

In dem gefährlichen Gebiet des nordwestlichen Atlantik, in dem die *Titanic* sank, kann man eigentlich nur wenige Sommermonate lang mit schönem Wetter rechnen. Selbst dann noch sind fürchterliche Stürme möglich. Nun standen uns fünf Wochen zur Verfügung, um unsere komplizierte Aufgabe zu erledigen. Fünf Wochen, nicht nur um die *Titanic* hier irgendwo in der Mitte von Nirgendwo zu finden, sondern auch, um der wartenden Welt Fotos des Wracks mitzubringen. Mein Traum von der Suche nach der *Titanic* war zu einem ständigen Kampf gegen die Zeit und die Naturgewalten geworden.

Die Expedition, auf die ich so lange gewartet hatte, war ein Erfolg gemeinsamer französisch-amerikanischer Anstrengungen. Jean-Louis Michel und ich hatten sechs Wochen an Bord des französischen Schiffs *Le Suroît* verbracht und dabei Jean-Louis' brandneues **SAR**-System getestet, ein Sonargerät, das wie ein roter Torpedo aussah. Doch wir hatten nichts gefunden. Wir hatten ein großes Gebiet abgekämmt, aber die Ozeanströmungen waren sehr stark gewesen. Sie hatten uns oft von der Strecke abgetrieben und uns soviel Zeit gekostet, daß wir bereits hinter unserem Zeitplan zurücklagen.

Sonargeräte können Gegenstände unter Wasser aufspüren, indem sie anhand des Echos ihrer elektronischen Schallwellen, die von den Gegenständen zurückgeworfen werden, deren Tiefe und Entfernung berechnen können. Den SAR-Sonar-Torpedo von Jean-Louis ins Schlepptau zu nehmen und über den Meeresgrund zu „fliegen", war ein wenig so, als wollte man einen Drachen an einer zweieinhalb Kilometer langen Schnur steigen lassen. Und er mußte auch vorsichtig hin und her gezogen werden, damit wir nur ja nichts verpaßten. Ein 269 Meter langes Schiff ist schließlich nur ein winziges Pünktchen in den riesigen Weiten des Ozeans mit seinen Bergtälern und -spalten unter Wasser. Wenn wir nicht jeden Meter unseres Suchgebiets abkämmten, konnten wir leicht unser Ziel verfehlen. Deshalb nannten wir diese Tätigkeit scherzhaft „Rasen mähen". Tag für Tag sorgfältig zu arbeiten und dabei nichts zu finden, kann sehr ermüdend und sehr langweilig sein.

Zu Beginn war das Wetter gut gewesen. Dann kamen Stürme auf, und wir schaukelten wie ein Korken

Jean-Louis Michel und ich planen unseren Einsatz an Bord des Forschungsschiffes *Knorr.*

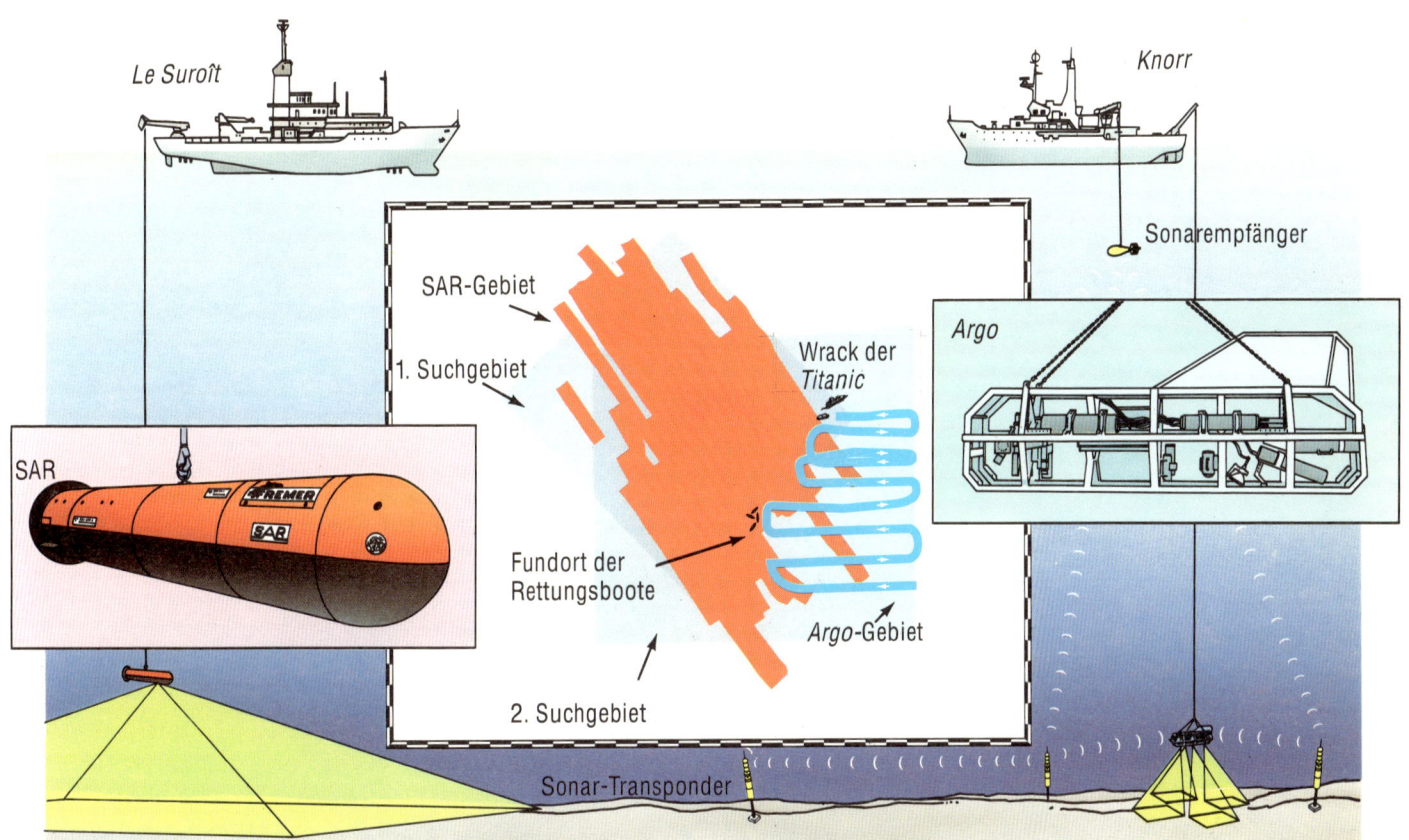

Le Suroît

Knorr

Sonarempfänger

SAR-Gebiet

1. Suchgebiet

Wrack der
Titanic

Argo

SAR

BREMER

SAR

Fundort der
Rettungsboote

Argo-Gebiet

2. Suchgebiet

Sonar-Transponder

Dieses Diagramm veranschaulicht das Zusammenwirken der beiden Teile unserer 1985er Expedition. Das französische Schiff *Le Suroît* mit seinem SAR-Sonargerät **(links)** deckt 80 % unseres Suchgebiets ab. Mit dem amerikanischen Schiff *Knorr* und dem Schlitten *Argo* **(rechts)** arbeiten wir uns in weiten Bögen nach Norden vor, um per Videoaufnahmen das Trümmerfeld der *Titanic* zu finden.

in einem aufgewühlten Schwimmbecken. Eine rauhe See war nicht nur unangenehm, sondern hieß für uns auch verlorene Zeit, denn bei Sturm und hohem Seegang mußten wir unsere Suche einstellen, um die kostspieligen Geräte zu schützen.

Jean-Louis und seine großartige französische Mannschaft hatten ihr Bestes gegeben, aber leider hatten wir nach sechs Wochen auf See noch immer keine Spur der *Titanic* gefunden. Nun war die amerikanische Hälfte der Expedition an der Reihe, das Ziel zu finden — zusammen mit Jean-Louis und zwei seiner Leute.

Als wir von *Le Suroît* auf die *Knorr* umzogen, wechselten wir auch von der Sonartechnologie zur Videokamera. Die *Knorr* war darauf vorbereitet, eines meiner Lieblingsstücke der Ausrüstung ins Schlepptau zu nehmen: die **Argo**. Die *Argo* ist eigentlich nichts anderes als ein Stahlschlitten, auf dem Videokameras befestigt sind, die den Meeresboden filmen können. Die Videoaufnahmen werden über das

Schleppkabel auf einen Bildschirm an Bord des Schiffs übertragen, so daß wir miterleben konnten, was *Argo* auf dem Meeresboden sah.

Nachdem wir auf das neue Schiff umgezogen waren, stieg die Spannung. Wir alle wußten, daß die Zeit uns zwischen den Fingern zerrann. Um unsere Chance wahrzunehmen, durften wir in unserer Jagd nach der *Titanic* nicht nachlassen.

Und deshalb entschied ich mich für einen neuen Suchplan. Wenn mehrere Gegenstände zugleich ins Meer fallen, das wußte ich aus Erfahrung, so werden sie von Ozeanströmungen in alle Richtungen davongetragen und liegen schließlich weit voneinander auf dem Meeresboden verstreut. Das Ergebnis ist gewöhnlich ein langer Kometenschweif von Trümmern. Ich glaubte, daß dies auch bei der *Titanic* der Fall war. Als sie unterging, waren viele Dinge herausgefallen, die nun weit voneinander auf dem Meeresboden lagen. Da dieses **Trümmerfeld** ein größeres Gebiet bedecken würde als das Schiff selbst, mußte man zuerst nach Trümmern suchen. Um Zeit zu sparen und die Suche zu vereinfachen, beschloß ich also, nach dem Trümmerfeld — statt nach der *Titanic* — Ausschau zu halten. Auch hoffte ich, daß die Videokameras das sehen würden, was das Sonargerät vielleicht verpaßt hatte. Wir beschlossen also, südlich der Position anzu-

(Oben) Ein Heizkessel der *Titanic* auf dem Meeresboden (Links) Dieses Foto der Heizkessel aus dem Jahr 1912 half uns, das große runde Objekt zu identifizieren, das wir auf *Argos* Bildschirm gesehen hatten.

fangen, wo 1912 die Ruderboote angetroffen worden waren, uns nach Norden vorzuarbeiten und *Argo* in weiten Bögen über das Suchgebiet zu schleppen.

Als unser neuer Suchplan aufgestellt war, wurde es höchste Zeit für neue Suchfahrten.

Die Mitglieder unserer Suchmannschaft strömten ins Kontrollzentrum, um ihren Dienst zu übernehmen. *Argo* war zum Tauchen bereit. Der Duft von heißem Popcorn mit Butter erfüllte den Raum. Wir waren entspannt, konzentrierten uns aber auf die Arbeit, die vor uns lag. Nach der langen, langsamen Fahrt von unserem Auslaufhafen in unser Suchgebiet, wurde es endlich ernst.

Doch als *Argo* den Meeresboden in einer Tiefe von fast 3900 Metern erreicht hatte, schickten die Kameras lediglich Bilder von schwachen Spuren hoch, die Tiefseeschnecken in den Schlick gegraben hatten. Sonst nichts. Die ganzen nächsten Stunden sahen wir nichts anderes als eine langsam vorbeiziehende Landschaft aus Bergen von Schlick.

Es war nicht einfach, *Argo* zu schleppen. Wenn die *Knorr* zu schnell fuhr, stieg die *Argo* so hoch vom Meeresboden weg, daß die Kameras nichts mehr sehen konnten. Wenn das Schiff zu langsam war, konnte *Argo* zu tief sinken und auf dem Meeresboden zerschellen. Zwischen *Knorr* und *Argo* das richtige Gleichgewicht zu halten, war eine schwierige und auch anstrengende Arbeit. Und so ging das, Stunde um Stunde, Tag für Tag.

Dann, als uns nur noch fünf Tage blieben, kam das große Zähneknirschen. Auf einmal erschien uns der Ozean riesig, und unsere Zweifel waren mitgewachsen. Lag die *Titanic* tatsächlich in dem sorgfältig bestimmten Gebiet? Wenn ja, dann hätte doch nach einigen Tagen Suche irgend etwas auftauchen müssen. Suchten wir vielleicht doch an einer ganz falschen Stelle? Würden wir mit leeren Händen heimfahren müssen? Ich fühlte Panik in mir hochsteigen.

Mit verzweifelter Anstrengung beschlossen wir, einen winzigen Bereich des Meeresbodens zu untersuchen, den Jean-Louis und sein SAR-Sonarsystem damals wegen eines Sturms hatten aussparen müssen. Wir fuhren zu diesem 10 Meilen entfernten Gebiet.

Doch als wir nun *Argo* durch unser neues Zielgebiet zu schleppen begannen, schwanden unsere Hoffnungen. Dort unten war nichts zu finden. Inzwischen hatte die Routine im Kontrollzentrum unseren Geist abgestumpft: Stunde um Stunde starrten wir auf Bilder von flachem Schlick. Außerdem waren wir alle ziemlich erschöpft. Die Anstrengungen und die Hoffnungslosigkeit hatten uns zermürbt, und die Langeweile war unerträglich geworden. Der Wetterumschwung und die verrinnende Zeit gaben uns den Rest. Ich sah einer totalen Niederlage ins Auge.

Genau nach Mitternacht, am 1. September, ging ich zum Schlafen in meine Koje. Die Nachtschicht unter der Leitung von Jean-Louis hatte gerade die Arbeit aufgenommen. Nach etwa einer Stunde ihrer ereignislosen Wache fragte ein Mitglied: „Womit halten wir

Jubel und Feier im Kontrollzentrum, nachdem wir die *Titanic* gefunden haben.

uns diese Nacht denn wach?" Alles, was sie bis dahin sahen, war Schlick, noch mehr Schlick, Schlick ohne Ende. Stu Harris, der damit beschäftigt war, *Argo* zu „fliegen", antwortete nicht. Seine Augen klebten am *Argo*-Video-Monitor.

„Da ist etwas", sagte er und zeigte auf den Bildschirm. Mit einem Schlag war jeder aus der etwas schläfrigen Mannschaft hellwach und auf dem Posten. Doch keiner wollte glauben, daß es sich um etwas anderes handeln konnte als wieder um einen falschen Alarm oder einen Scherz. Aber nein, dort auf dem Bildschirm erschienen deutliche Bilder mit Gegenständen von Menschenhand. Einer schrie: „Treffer!" Aus dem Kontrollzentrum kam das Echo der ganzen Mannschaft: „Hurra!" und wilde Aufschreie und Kriegsgeschrei. Alle Arten von Schiffstrümmern tauchten auf dem Bildschirm auf. Dann erschien plötzlich etwas anderes. Etwas Großes und vollkommen Rundes. Jean-Louis schlug in seinem Buch mit Abbildungen aus der *Titanic* nach. Er blätterte und sah ein Foto der massiven Heizkessel des Schiffs, die mit Kohle befeuert wurden und die Maschinen antrieben. Er wollte seinen Augen nicht trauen. Seine Blicke wanderten zwischen dem Buch und dem Bildschirm hin und her. Ja, es war diese Art von Kessel!

Als ich die Nachricht hörte, schälte ich mich aus meiner Koje und lief ins Kontrollzentrum. Wir spielten die Aufzeichnung vom Kessel ab. Ich wußte nicht, was ich sagen sollte. Ich drehte mich zu Jean-Louis um, der Blick in seinen Augen sagte alles. Die *Titanic* war gefunden, wir hatten die ganze Zeit richtig gelegen. Dann sagte er leise: „Das war kein Glück. Das haben wir uns redlich verdient."

Unsere Jagd war fast vorbei. Irgendwo in der Nähe lag die **RMS** *Titanic*.

Die Neuigkeit machte auf unserem Schiff die Runde. Alle strömten ins Kontrollzentrum, das immer mehr zu einem Tollhaus wurde. Die Männer gaben sich die Hand, umarmten sich und klopften sich vor Begeisterung wild auf die Schultern.

Es war bald 2 Uhr in der Frühe, fast genau die Stunde, zu der die *Titanic* untergegangen war. Manche zeigten auf die Uhr an der Wand. Plötzlich wurde es im Raum ganz still.

Dort auf dem Meeresboden lag nicht nur das Grab eines großen Schiffes, sondern auch das von 1500 Menschen, die mit ihm untergegangen waren. Und nach 73 Jahren waren wir die ersten, die an diesen Ort kamen, um ihnen Respekt zu bezeugen. Bilder aus der Unglücksnacht — ein Geschehen, das ich in- und auswendig kannte — kamen mir in den Sinn.

Draußen am Heck der *Knorr* hatten sich einige aus der Mannschaft versammelt, um wenige Augenblicke lang derjenigen zu gedenken, die beim Untergang der *Titanic* ihr Leben gelassen hatten. Der Himmel war voller Sterne, das Meer lag ruhig. Wir hißten die Flagge der Werft Harland & Wolff aus Belfast (Irland), die den Ozeanriesen gebaut hatte. Es war fast genau wie in der Nacht, als die *Titanic* unterging — nur der Mond schien dazu. Ich beobachtete, wie er mit der Nase zuerst ins Wasser eintauchte. Rund um mich waren die gespenstischen Schatten von Rettungsbooten sowie die durchdringenden Rufe und Schreie der Passagiere und der Besatzung.

Unsere Gedenkfeier dauerte ungefähr zehn Minuten. Dann sagte ich: „Ich danke euch allen. Laßt uns nun wieder an die Arbeit gehen."

In der kurzen noch verbleibenden Zeit wollte ich so viele Bilder wie möglich vom Wrack sammeln. Ich wollte der Welt zeigen, in welchem Zustand die *Titanic* sich nach 73 Jahren auf dem Meeresboden befand. Tausend Fragen schwirrten mir durch den Kopf. War das Schiff noch ganz oder geborsten? Standen alle Schornsteine noch? Hatte das Deck aus Holz dem Salzwasser standgehalten? Und ein trüber Gedanke: Fanden wir noch Überreste von Menschen, die in jener Nacht gestorben waren? Fotos sollten uns auf diese Fragen eine Antwort geben.

Wir begannen, mit *Argo* eine erste Fahrt über das größte Trümmerteil zu machen, das wir bisher gefunden hatten. Doch in der Tiefe lauerten Gefahren auf uns. Falls *Argo* sich in den verknäuelten Wrackteilen verheddert, brauchten wir ein Wunder, um es daraus zu befreien. Dies würde das Ende unserer Suche und den Verlust dieses kostbaren Geräts bedeuten.

Als *Argo* sich dem Boden näherte, hielten im Kontrollraum alle den Atem an, kein Wort wurde gesprochen. Gerade fuhr *Argo* über den Rumpf der *Titanic*. Es war an der Zeit, ihn sich mal genauer anzusehen.

„Geh tiefer runter. Auf fünf Meter."

„Verstanden."

Auf dem Videoschirm tauchte der verschwommene Schatten des Rumpfes auf. „Das ist die Schiffswand. Sie steht aufrecht."

Plötzlich tauchte aus dem Dunkel das Bootsdeck des Schiffes auf. „Haltet nach den Schornsteinen Ausschau."

Aber dort, wo die Schornsteine gestanden hatten, gab es nur gähnende Löcher. Als wir **mittschiffs** über das Deck kreuzten, konnten wir die abgeflachten Aufbauten der Kommandobrücke erkennen. Hatte Kapitän Smith dort tapfer bis zum Ende ausgeharrt?

Bevor wir uns versahen, war *Argo* sicher über das Wrack hinweggefahren und wieder im Dunkeln. Es war immerhin nichts schiefgegangen. Mit einemmal schien das überfüllte Kontrollzentrum zu explodieren. Viele schrien vor Freude auf, umarmten sich, tanzten, während Jean-Louis und ich ruhig dabei standen und an das dachten, was wir gerade gesehen hatten. Nun wußten wir endlich, daß die *Titanic* aufrecht auf dem Grund gelandet war und das meiste von ihr noch intakt schien.

(Oben) Unser Kameraschlitten *Argo* wird mit einem Joystick ferngesteuert, wie man ihn von Videospielen her kennt
(Unten) Unsere Forschungsschiffe *Le Suroît* und *Knorr* im Vergleich zur *Titanic*

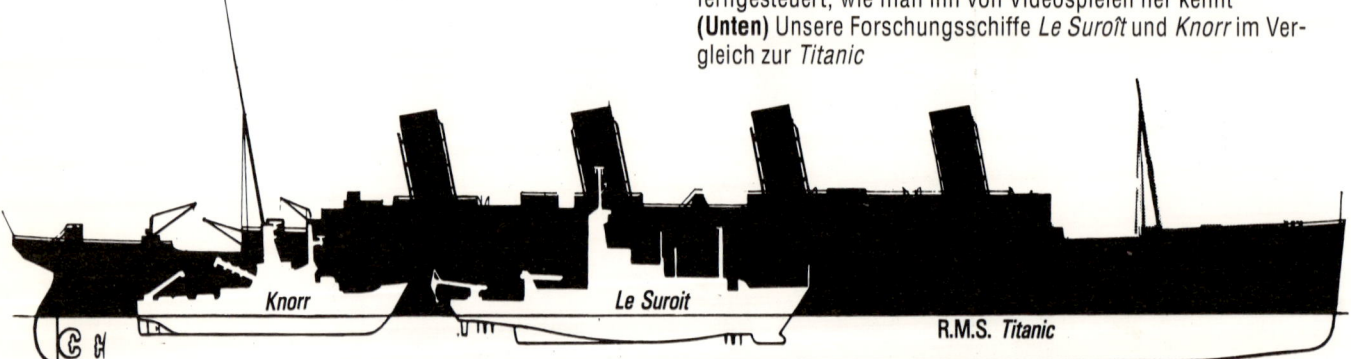

Knorr   Le Suroit   R.M.S. *Titanic*

Ich wollte noch weitere Fahrten mit *Argo* über das Wrack machen, doch erst mußten wir das Kontrollzentrum wieder klarmachen. In den nächsten 64 Stunden — das war die Zeit, die uns noch blieb — brauchte ich eine möglichst ausgeruhte Mannschaft. „Halt, hier sind zu viele Leute. Ihr seid zu müde, wenn ihr dann Wache schieben müßt. Einige von euch gehen jetzt sofort in die Falle. Wir arbeiten schließlich rund um die Uhr."

Wegen Schlechtwetters schafften wir mit *Argo* während des übrigen Tages und am Abend nur zwei weitere Fahrten über das Wrack. Zu unserem Erstaunen wie zu unserer Betrübnis stellten wir dabei fest,

(Oben) *Argo* wird zur *Titanic* hinabgelassen.

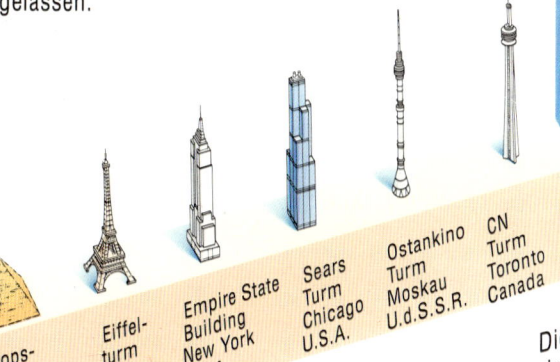

Cheops-
Pyramide
El Gizeh
Ägypten

Eiffel-
turm
Paris
Frankr.

Empire State
Building
New York
U.S.A.

Sears
Turm
Chicago
U.S.A.

Ostankino
Turm
Moskau
U.d.S.S.R.

CN
Turm
Toronto
Canada

133 m Die tiefste Tauchtiefe, die ein Gerätetaucher je erreicht hat

465 m U-Boote der Marine tauchen nicht tiefer. Ab hier ist es finster.

940 m Im Jahre 1930 erreichten William Beebe und Otis Barton die, die Pioniere der Unterwassererkundung, diese Tiefe in einer kugelförmigen Bathysphäre.

1609 m In dieser Tiefe sind viele Meereslebewesen durchsichtig, oder sie können im Dunkeln glühen.

3218 m Die Wassertemperatur hier unten liegt nur wenige Grade über dem Gefrierpunkt.

3965 m Dort, wo das Wrack der *Titanic* liegt, beträgt der Wasserdruck über 400 kg/cm²

Diese maßstabgerechte Zeichnung gibt einen Eindruck von der riesigen Distanz zwischen der *Knorr* und dem Wrack der *Titanic* wieder.

daß das Schiff in zwei Teile auseinandergebrochen war — das Achterschiff fehlte. Wo sich das Heck hätte befinden müssen, zeigten unsere Videokameras lediglich eine verwirrende Masse ineinander verflochtener Wrackteile.

Inzwischen hatte der Sturm seinen Höhepunkt erreicht. Wir mußten auf den Einsatz von *Argo* verzichten. Zehn Stunden lang heulte der Wind um unser schlingerndes Deck, als die *Knorr* in der rauhen See auf den Wellen tanzte. Nun, so dachte ich mir, wenn wir nicht mit *Argo* arbeiten können, dann versuchen wir's eben mit ANGUS. ANGUS war *Argo* ähnlich, mit dem Unterschied, daß es ein Kameraschlitten älterer Bauart war, dessen Kameras nur Standfotos und keine Videoaufnahmen liefern konnten. Bei uns hieß ANGUS nur „der Depp im Schlepp". Nun würden wir ihn zu Hilfe rufen. Schließlich hatte ich mit ANGUS bereits bei noch viel rauherer See gearbeitet.

Bei unseren ersten Fahrten über das Wrack lieferte ANGUS uns ausschließlich verschwommene Fotos. Die Kameras hatten zwar einwandfrei gearbeitet, doch waren wir in zu großer Höhe über das Wrack „geflogen", um gestochen scharfe Bilder zu erhalten. Unsere Zeit ging nun zu Ende, und ich fühlte, wie mir der Triumph langsam entglitt. In diesem Augenblick wäre ich am liebsten gleich nach Hause gefahren. Ich

hatte mir zu allem Überfluß bei einem Sturz an Deck mein Bein verletzt und schon seit Tagen kein Auge mehr zugetan. Wir hatten die *Titanic* gefunden, reichte das denn nicht? Wer sagte denn, daß wir auch noch hübsche Bilder mitbringen mußten?

Doch irgendwie fand ich die Kraft, um weiterzumachen. Ich wollte die *Titanic* nicht verlassen, ohne vorher noch einen Versuch zu machen. Uns blieben viereinhalb Stunden Zeit, bevor wir Kurs auf den Heimathafen nehmen mußten. Denn das Forschungsschiff *Knorr* wurde für eine andere Expedition benötigt.

Ich war so müde, daß ich mich unbedingt hinlegen mußte, wenn ich nicht umfallen wollte. Deshalb ging ich ins Kontrollzentrum, legte mich dort hin und gab die Befehle für den allerletzten Versuch. Was wir hier in dieser rauhen und bewegten See versuchten, war noch gewagter als die riskanten Fahrten mit ANGUS, die wir gerade hinter uns gebracht hatten. Wir mußten unsere Kameras nämlich nahe genug an das Deck der *Titanic* heranbringen, damit sie scharfe Fotos liefern konnten. Der Seegang betrug mindestens 3 bis 4 Meter. Diese Wellenbewegung setzte sich 3900 Meter tiefer fort. Das machte ANGUS so schwer kontrollierbar. Doch die Devise hieß: Jetzt oder nie!

„Runter auf vier Meter", krächzte ich.

„Vier Meter? Bist du verrückt?" sagte der Pilot.

(Links) Eins der Fotos vom Vorschiff der *Titanic*, die AN-GUS machte. Zwei Spills und die riesigen Ankerketten sind deutlich erkennbar. Das kleine Foto zeigt, wie die gleiche Stelle an Deck 74 Jahre früher ausgesehen hat.
(Rechts) Das „Krähennest" war noch am Vormast befestigt. Auf dem kleinen Foto von 1912 kann man die Glocke erkennen, die geläutet wurde, als der Mann im Ausguck den Eisberg sichtete.

„Vier Meter", wiederholte ich.

In den nächsten drei Stunden fiel kaum ein Wort, während wir eine haarsträubende Fahrt nach der anderen über die *Titanic* machten. Nur ein einziger Ausrutscher und ANGUS wäre unwiederbringbar in den Wrackteilen verloren gewesen. Der Wind draußen rüttelte erst kräftig an den Wänden des Kontrollraums, ließ dann aber nach. Gegen 6 Uhr morgens gab der Kapitän über den internen Sprechverkehr durch: „Wir müssen uns startklar machen zur Heimfahrt."

Noch rechtzeitig wurde ANGUS an Bord gehievt. Einige Stunden später kam die Nachricht aus dem Fotolabor, daß wir ausgezeichnete Farbfotos geschossen hatten. Endlich hatten wir's geschafft. Noch kurz vor Toresschluß!

Jetzt endlich kroch ich in meine Koje, um etwas Schlaf nachzuholen. Als ich aufwachte, war es Nacht, und das brave Forschungsschiff *Knorr* dampfte ruhig und steuerte zuverlässig unseren Heimathafen an. Am Morgen des 9. September 1985 — es war ein klarer, warmer Tag —, als wir gerade durch Nantucket Sound, Massachusetts, fuhren, wurde die *Knorr* von Helikoptern, kleinen Flugzeugen und Freizeitbooten empfangen, die uns umkreisten und ihre Sirenen hören ließen. Die Nachricht von unserer Entdeckung der *Titanic* war um die ganze Welt gegangen.

Dann legte ein kleines Boot mit einem Begrüßungskomitee, darunter meine Frau und meine Söhne Todd und Douglas, an unserem Schiff an. Ich freute mich, daß ich wieder mit ihnen zusammen war. All die Jahre hatten sie auf mich verzichten müssen, wenn ich auf See war, aber beklagt haben sie sich nie.

Als wir in den Hafen einliefen, traute ich meinen Augen nicht. Der Anlegeplatz war voller Menschen. Es gab sogar eine Tribüne für die Kameras und die Reporter. Flaggen wehten, eine Musikkapelle spielte, Schüler hielten Luftballons in der Hand, und eine Kanone schoß Salut. Welch ein herrlicher Empfang!

Bei unserer Heimkehr werden wir von einer großen Menschenmenge empfangen.

FÜNFTES KAPITEL

Erforschung des großen Schiffs

Mit breitem Grinsen drehte ich mich um und zeigte der Mannschaft an Deck unseres neuen Forschungsschiffes *Atlantis II* den „Daumen nach oben", das Zeichen für Glück. Nur mit Socken an den Füßen, um nur ja nichts zu beschädigen, stieg ich die Leiter von *Alvin,* unserem kleinen Tauchboot, hinab. Es war der 13. Juli 1986, fast ein Jahr nach unserer französisch-amerikanischen Expedition, die die *Titanic* gefunden und Fotos von ihr gemacht hatte. Leider konnten unsere französischen Kollegen in diesem Jahr nicht mit dabeisein. Meinen Freund Jean-Louis würde ich sehr vermissen.

Wir waren zu der Stelle im tückischen Nordatlantik hinausgefahren, an der die *Titanic* lag. Nun war es an der Zeit, sie genauer in Augenschein zu nehmen.

Wir planten, 3800 Meter tief in das schwarze, eiskalte Dunkel hinabzutauchen, in dem die *Titanic* lag und zu versuchen, mit *Alvin* auf Deck zu landen. Wenn alles klappte, waren wir die ersten Menschen, denen es nach 74 Jahren gelang, das Schiff aus nächster Nähe zu betrachten.

Alvins Einstiegsluke wurde geschlossen, und ich wechselte mit Kapitän und Steuermann flüchtige Blicke, als wir in dem Tauchboot sanft hin und her schaukelten. Wir wußten, was es heißt, halb über dem Deck von *Atlantis II* und halb über dem Meer zu baumeln — es war einer der gefährlichsten Momente vor dem Aufsetzen auf dem Wasser. Sollte das Tauchboot abstürzen, könnten wir uns böse verletzen.

Doch wir setzten sicher auf. Dann wurden unsere Haltekabel ausgeklinkt, und Taucher schwärmten um das Tauchboot herum, um alles — *Jason Junior* (abgekürzt *JJ*) inbegriffen — vor dem Tauchgang zu überprüfen. *JJ,* unser ferngesteuerter Unterwasserroboter, war außen an *Alvin* in einem Spezialgehäuse untergebracht, über ein langes Kabel mit *Alvin* verbunden und mit Foto- und Videokameras bestückt. Mit seiner Hilfe hofften wir das Innere des Wracks zu erkunden.

Zu dritt hatten wir uns in die winzige Kabine, unsere innere Raumkapsel, hineingezwängt. Uns umgaben lauter Instrumententafeln, und wir konnten uns weder ausstrecken noch aufstehen. Wir kamen uns vor wie Sardinen in einer Kugel. Drinnen war es warm und stickig, doch das eiskalte Wasser draußen würde bald *Alvins* Außenhaut abkühlen und auch im Innern für Kühle sorgen.

Das Tageslicht schwand und wich einem immer tieferen Blau, als unser Tauchboot seine größte Tauchgeschwindigkeit von 30 Metern in der Minute erreichte. Um zum Meeresboden zu kommen, benötigten wir zweieinhalb Stunden. Wir redeten nur wenig, als wir immer tiefer in die Dunkelheit eintauchten. Von unseren Bordlautsprechern erklang sanfte Musik.

Plötzlich tauchte an meinem Bullauge ein Hai mit einer weißen Spitze auf und verschwand wieder so

Ich steige die Leiter von *Alvin* hinab, um zum Wrack der *Titanic* zu tauchen.

Alvin und Jason Junior

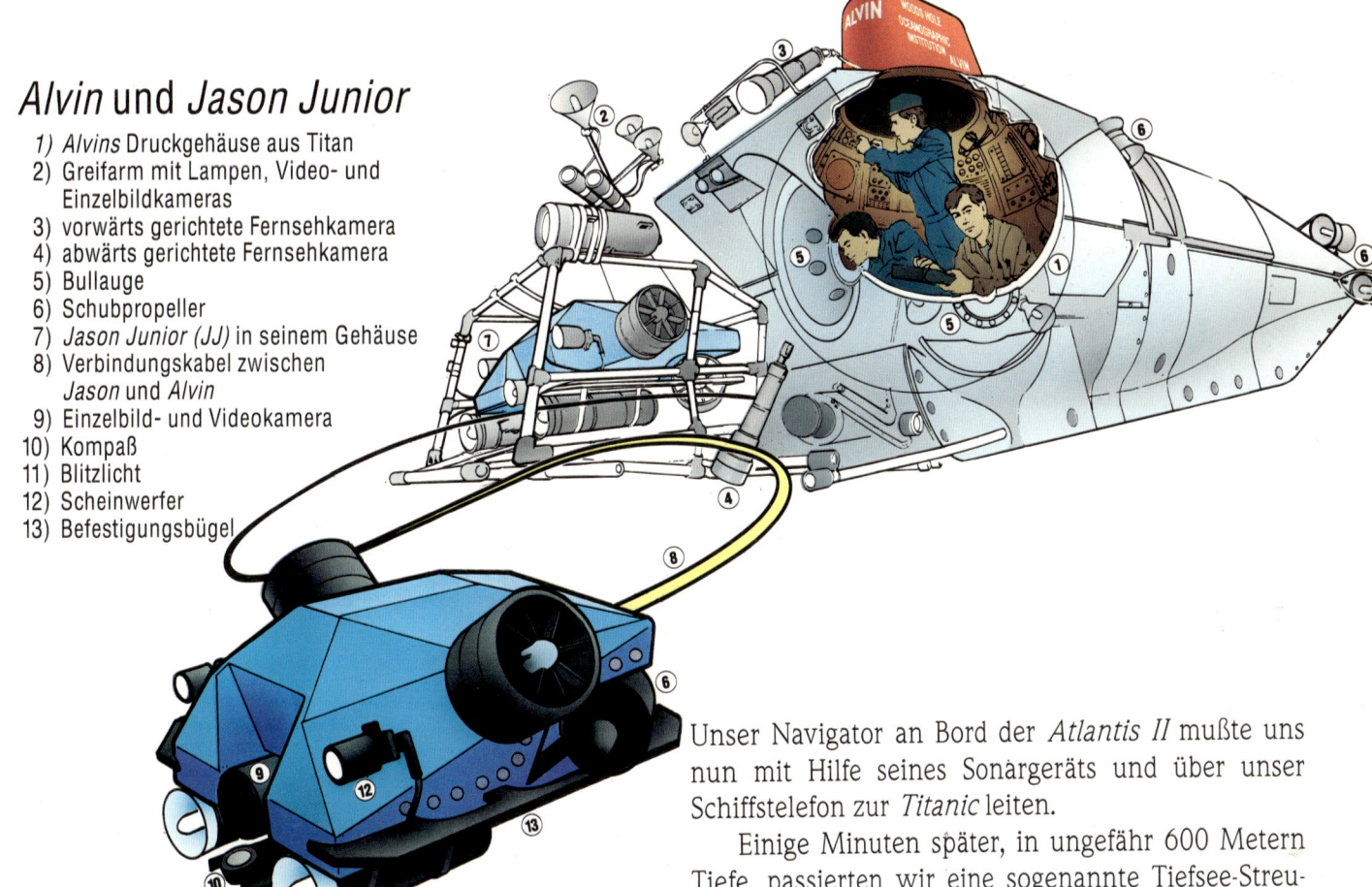

1) *Alvins* Druckgehäuse aus Titan
2) Greifarm mit Lampen, Video- und Einzelbildkameras
3) vorwärts gerichtete Fernsehkamera
4) abwärts gerichtete Fernsehkamera
5) Bullauge
6) Schubpropeller
7) *Jason Junior (JJ)* in seinem Gehäuse
8) Verbindungskabel zwischen *Jason* und *Alvin*
9) Einzelbild- und Videokamera
10) Kompaß
11) Blitzlicht
12) Scheinwerfer
13) Befestigungsbügel

schnell, wie er gekommen war. Oft nähern Haie sich *Alvin*, um die Ursache des Lärms zu untersuchen. Es war beruhigend zu wissen, daß einige Zentimeter Stahl uns beschützten. Ich erinnere mich noch, wie ein Schwertfisch *Alvin* angriff und mit seinem Schwert in der Außenhaut steckenblieb.

Der lange Weg bis zum Meeresboden ist normalerweise etwas einschläfernd. Das Innere der Tauchkugel wird dunkler und dunkler und beginnt abzukühlen, bis dann spätestens nach fünfzehn Minuten das Tauchboot eine Tiefe von 400 Metern und die vollkommene Dunkelheit erreicht hat. Um Energie zu sparen, bleiben die Außenscheinwerfer von *Alvin* abgeschaltet. Im Innern leuchten nur drei kleine rote Instrumentenlichter.

Doch dieses Mal hatten wir sofort mit technischen Schwierigkeiten zu kämpfen. Zuerst stellten wir fest, daß *Alvins* Sonargerät ausgefallen war. Vermutlich waren daran entweder das kalte Meereswasser oder der steigende Außendruck schuld. Das Sonar führte uns, indem es Schallwellen aussendet, die von jedem Hindernis auf unserem Weg nach unten zurückprallen. Ohne Sonar waren wir praktisch blind.

Unser Navigator an Bord der *Atlantis II* mußte uns nun mit Hilfe seines Sonargeräts und über unser Schiffstelefon zur *Titanic* leiten.

Einige Minuten später, in ungefähr 600 Metern Tiefe, passierten wir eine sogenannte Tiefsee-Streuschicht, da sie im Sonargerät als wolkige und verwischte Schicht auftaucht. Tatsächlich aber entsteht diese Wolke durch tausende und abertausende kleinster Lebewesen, die in dieser Tiefe leben. Viele dieser Lebewesen glühen im Dunkeln auf, ihre kleinen Körper explodieren wie Feuerwerkskörper, wenn sie uns wahrnehmen. Als ich sie zum ersten Mal sah, erinnerten sie mich an einen winzigen Personenzug mit erleuchteten Fenster, der durch die dunkle Nacht fährt.

Inzwischen — als wir nach einer Stunde Tauchfahrt die Tiefe von 1500 Metern erreicht hatten — war es in unserer Kugel kalt geworden. Wir zogen unsere erste Extra-Schicht Kleidung an. Heute trug ich eine Wollmütze aus der Hockey-Mannschaft meines Sohns, um meinen Kopf warm zu halten. Während der langen Stunden in der winzigen Kabine schliefen mir oft meine Füße ein, und manchmal bekam ich einen unangenehmen Krampf in meiner Hüfte. In Zeiten wie diesen glich *Alvins* Kabine eher einer Folterkammer als einer Raumkapsel.

Zehn Minuten später, in 1800 Metern Tiefe, sah unser Kapitän auf der Anzeigetafel, daß Salzwasser durch ein Leck in die Batterien drang, die unser Boot mit Energie versorgten. Daher konnte unser Aufenthalt auf dem Meeresboden heute nur äußerst kurz sein. Und um unser Pech auf die Spitze zu treiben,

Im beengten Kugelinnern von *Alvin* liest der Pilot Dudley Foster an der Instrumententafel die Tiefe ab, während ich am Unterwasser-Telefon mit *Atlantis II* an der Wasseroberfläche spreche. Zu beiden Seiten von Dudley gibt es zwei Bullaugen, durch die wir auf den Meeresboden sehen können.

setzte auch noch das Sonargerät unseres Navigators an Bord der *Atlantis II* plötzlich aus. Dies bedeutete, daß wir nun fast ganz erblindet waren.

Unsere Lichter stachen in die Schwärze, als der Meeresboden langsam aus dem dunkelgrünen Schatten auftauchte. Wir waren angekommen. Das Dumme daran war nur, daß wir nicht mal wußten, wo wir uns befanden. Das Einzige, was wir durch unsere Bullaugen erkennen konnten, war unser eigener Schatten, den *Alvins* Lichter warfen, und der leicht wellenförmige Schlick, der den ganzen Boden bedeckte.

So nah waren wir und doch so fern. Das Schiff befand sich in unserer Nähe, vermutlich nicht weiter als 100 Meter, als ein Fußballfeld, von uns entfernt. Befin-

det man sich jedoch mehr als 3000 Meter unter der Wasseroberfläche im schwarzen Nebel, dann können — ohne die Hilfe eines Sonargeräts — 100 Meter so weit scheinen wie tausend Kilometer.

Ich konnte es nicht fassen. Da hatte ich dreizehn lange Jahre auf diesen einen Augenblick gewartet, und war jetzt, nur einen Steinwurf weit von der Erfüllung meines Traumes entfernt, in einer Sardinenbüchse gefangen und sah nichts anderes als nur Schlick.

Plötzlich durchschnitt der ohrenbetäubende Lärm eines Alarmsignals die Stille in unserem Tauchboot. Das Leck in unserer Batterie hatte seinen kritischen Punkt erreicht. Falls wir wieder heil an die Oberfläche zurück wollten, blieb uns nur noch wenig Zeit. Schnell beschlossen wir zu schätzen, in welcher Richtung die *Titanic* zu finden sein könnte. Dahin wollten wir uns auf gut Glück aufmachen.

Wie ein einbeiniger Skiläufer, der über frischen Schnee gleitet, berührte *Alvin* mit seiner Stahlkufe

Als wir mit *Alvins* Scheinwerfern die Rumpfbeplattung der *Titanic* anstrahlen, haben wir den Eindruck, vor einer gewaltigen Mauer aus Stahl zu stehen.

jetzt leicht den Boden, und wir glitten langsam vorwärts. Das schrille Alarmsignal machte uns fast wahnsinnig, und die Spannung im Boot stieg an. Die Zeit, die uns verblieb, zerrann uns zwischen den Fingern. Es würde knapp werden, wenn wir noch die *Titanic* sehen wollten.

Dann meldete sich wieder unser Navigator an Bord des Schiffs, um uns über Telefon mitzuteilen, daß sein Sonar wieder funktionierte und „die *Titanic* sich etwa 50 Meter westlich von unserer Position" befinde.

Wir brachten unser Boot auf Kurs und strengten unsere Augen an, um die Bullaugen zu entdecken. Auf einmal begann der Boden merkwürdig auszusehen. Langsam stieg er an, immer höher, als ob ein Bulldo-

zer ihn zusammengeschoben hätte. Mein Herz klopfte schneller.

„Genau richtig", sagte ich zum Kapitän. „Ich glaube, ich sehe eine große, schwarze Wand auf der anderen Seite des Schlickhügels."

Dann stand sie genau vor unseren Augen: eine grenzenlose Platte aus schwarzem Stahl, die aus dem Boden herauswuchs — der gewaltige Rumpf der *Titanic*! Ich kam mir vor wie ein Reisender durchs Weltall, der auf eine befremdliche Stadtmauer auf irgendeinem verlassenen Planeten starrt. Langsam atmete ich aus; mir war gar nicht aufgefallen, daß ich die Luft angehalten hatte.

Doch konnte ich nicht mehr als nur einen kurzen Blick auf das sagenhafte Wrack werfen. Unser Kapitän leichterte die Sinkgewichte von *Alvin,* schaltete das fürchterliche Alarmsignal ab, und dann stürzten wir an die Oberfläche zurück. Nur einen Augenblick länger am Boden, und *Alvins* Energiesystem wäre zusammengebrochen.

(Links außen) Während *Alvins*
Scheinwerfer oben an Deck
der *Titanic* leuchten, unter-
sucht *Jason Junior* den Anker
an Steuerbord.
(Links) So sah der Backbord-
anker aus, als die *Titanic* von
Stapel lief.
(Unten) Derselbe Backbord-
anker heute, vollständig mit
Rost bedeckt

In den sechs Stunden unserer Tauchfahrt zur *Titanic* hatten wir nicht mehr als nur ein paar flüchtige
Blicke darauf werden können. Aber mein Traum war
schließlich doch noch in Erfüllung gegangen.

Ich war in einer schrecklichen Stimmung, als ich
aus dem Tauchboot ausstieg, um an Bord der *Atlantis
II* zu gehen. Mein einziger Kommentar war: „Ich habe
das Schiff für vielleicht zehn Sekunden in Augenschein nehmen können. Wir haben nämlich ein kran-
kes Kind hier, und das müssen wir schleunigst wieder
auf die Beine kriegen." Wenn ich morgen wieder tauchen wollte, dann mußten wir unsere zunehmenden
technischen Schwierigkeiten im Auge behalten. Während ich schlief, arbeiteten unsere Techniker die ganze
Nacht über daran, das kranke Tauchboot wieder flott
zu machen.

Glücklicherweise funktionierte die Technik am
nächsten Morgen wieder, und wir waren voller Zu-
versicht bei unserem zweiten Tauchversuch. Wir hatten uns vorgenommen, nach eventuellen Landeplätzen für *Alvin* an Deck der *Titanic* Ausschau zu halten,
die uns sicher genug erschienen.

Unser zweiter Blick auf die *Titanic* war atemberaubend. Als wir auf unserem einzigen Ski geräusch-
los über den Meeresboden fuhren, schien der **Bug** wie
die Klinge eines Rasiermessers aus der Dunkelheit
hervor. Das große Schiff türmte sich über uns auf.
Plötzlich schien es gerade auf uns zuzukommen, als
wollte es über uns hinwegfahren. Doch die *Titanic*
würde nirgends mehr hinfahren. Als wir vorsichtig
unser Boot dichter heranbrachten, konnten wir den
Bug deutlicher betrachten. Die beiden riesigen Anker
waren noch vorhanden. Der Bug hatte sich jedoch
etwa 20 Meter tief in den Schlick hineingegraben, viel
zu tief jedenfalls, um ihn jemals wieder herausziehen
und bergen zu können.

Es sah aus, als würde der Rumpf aus Metall langsam vor sich hin schmelzen. Was wie gefrorene Rost-
bäche aussah, bedeckte die ganze Schiffswand, und
schien sich auch über den Meeresboden auszubreiten.
Fast schien es uns, als würde das Blut des großen
Schiffes in Pfützen auf dem Meeresgrund liegen.

Als *Alvin* im Zeitlupentempo die gespenstische
Schiffswand hinauffuhr, konnte ich den Widerschein

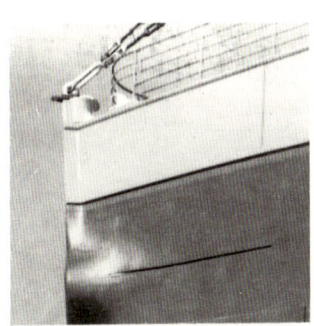

(**Rechts**) Die gekrümmte Bug-reling
(**Unten**) So sah diese Reling vor 74 Jahren aus.
(**Ganz unten**) Rostzapfen hängen an zwei großen Pollern herunter.

unserer Scheinwerfer im noch heilen Glas der Bullaugen der *Titanic* sehen. Sie sahen wie Katzenaugen aus, die im Dunkeln aufleuchten. An einigen Stellen sahen die Roststellen wie Tränen an Augenlidern aus, so als würde die *Titanic* weinen. Auch sah ich eine Menge rotbrauner **Stalaktiten,** die wie Eiszapfen aus Rost aussahen. Ich beschloß, sie „Rostzapfen" zu nennen. Dieser Rost stellte sich als sehr zerbrechlich heraus. Wenn unser Boot einen Rostzapfen auch nur leicht berührte, löste er sich in eine Rauchwolke auf.

Als wir weiterfuhren und uns über das mächtige Vordeck bewegten, war ich verblüfft von den Ausmaßen aller Dinge: riesige **Poller;** glänzende **Spille** aus Bronze, die zum Einholen der Seile und Kabel dienten; die riesigen Glieder der Ankerketten. Wenn man sich vor Ort befand, erschien alles wirklich titanisch.

Ich strengte meine Augen gewaltig an, um die Decksbeplankung zu erkennen, die sich genau einen Meter unter uns befand. Dann fiel mein Herz in den Hosenboden. „Alles weg!" murmelte ich. Der größte Teil des Holzdecks der *Titanic* war weggefressen worden. Millionen kleiner Holzwürmer hatten mehr zerstört als ein Eisberg und das Salzwasser zusammengenommen. Ich fragte mich, ob das Deck aus Metall unter dem zerfressenen Holz überhaupt das Gewicht von *Alvin* aushalten konnte, wenn wir darauf landeten.

Das wollten wir bald herausfinden. Langsam manövrierte unser Kapitän das Boot in die richtige Position für unseren ersten Landeversuch auf dem Vordeck, genau vor dem geknickten Vormast. Als wir immer dichter herankamen, stockte uns der Atem. Wir riskierten, durch das Deck zu krachen. Das Boot landete und ließ ein gedämpftes Knirschen hören. Falls das Deck nachgab, saßen wir unter zusammenbrechenden Wrackteilen in der Falle. Doch das Deck hielt stand, und wir setzten richtig auf. Das bedeutete: wir durften annehmen, daß das Deck der *Titanic* uns auch an anderen Landeplätzen tragen würde.

Vorsichtig hoben wir wieder ab und drehten zum Heck ab. Die schwache Silhouette der Schiffsaufbauten tauchte vor uns auf: erst das B-Deck, dann das A-Deck in der Nähe des Bootsdecks — das oberste Deck, auf dem sich die Kommandobrücke befand. Von

Die Brücke der *Titanic* im Jahre 1912

Von der Brücke aus, seinem Hauptquartier, führte Kapitän Smith den Ozeanriesen auf seinem Kurs nach New York.

1) Telemotor mit dem Ruderrad
2) Telefon, über das die verhängnisvolle Meldung des Ausgucks über den Eisberg empfangen wurde
3) Telegraph für direkte Meldungen in den Maschinenraum
4) Telegraph nach dem Anlegen
5) Kompaßhaube oder Schiffskompaß
6) Ersatzruderrad
7) Brückenflügel und -kabine
8) vorderer Schornstein
9) vorderer Davit für Rettungsboot Nr. 2
10) Ladekräne
11) Laderaumkabine Nr. 3
12) Offizierslogis
13) Dampfpfeifen

Die Brücke der *Titanic* im Jahre 1986

Die Brücke heute: das Ruderhaus ist weggedrückt, und der Vormast liegt quer darüber.

1) Telemotor ohne Ruderrad
2) Überreste der Ruderhausplatte
3) umgestürzter Vormast
4) Mastlicht
5) verrenkter Rettungsboot-Davit
6) Luxuskabinen Erster Kl.
7) zusammengefallene Kabine
8) Loch, wo der vordere Schornstein stand
9) Davit des Rettungsboots Nr. 2
10) Ladekräne
11) Laderaumkabine Nr. 3

Das hölzerne Ruderrad des Schiffes (ganz links) ist verschwunden, der bronzene Telemotor (links) nicht.

hier aus hatten Kapitän Smith und seine Offiziere das Schiff auf seiner Reise durch den Atlantik geführt. Das Ruderhaus aus Holz gab es nicht mehr, vermutlich war es gleich beim Untergang zertrümmert worden. Aber die bronzene Steuersäule mit dem Telemotor, an der einst das Ruderrad befestigt war, stand noch aufrecht und war von den Unterwasserströmungen auf Hochglanz poliert. Dann testeten wir vorsichtig diesen zweiten Landeplatz.

Mir war unheimlich zumute, als wir das Wrack erkundeten. Wenn ich durch mein Bullauge hinuntersah, konnte ich mir leicht vorstellen, wie die Leute an Deck spazierengingen oder zu den Fenstern hinausblickten, in die ich nun hineinsah. Da war ich nun auf dem Meeresboden und sah auf eine Art Zeitkapsel aus der Geschichte hinab.

Plötzlich, als wir uns zur Hafenseite des Schiffes aufmachten, erzitterte das Boot und machte ein klirrendes Geräusch. Ein Wasserfall aus Rost bedeckte unsere Bullaugen. „Wir sind gegen etwas gestoßen!" schrie ich. „Was war das?"

„Ich weiß es nicht", antwortete unser Kapitän. „Ich fahre wieder zurück." Übersehene Überhänge sind der Alptraum eines jeden U-Boot-Kapitäns.

Sachte fuhr unser Kapitän von der Schiffswand weg und dann langsam hoch. Da fuhr an unserem vordersten Bullauge der **Davit** eines großen Rettungsboots vorbei. Wir waren mit einem jener Metallarme zusammengestoßen, an denen die Rettungsboote abgefiert wurden. Dieser Davit war einer der beiden, die das Boot Nr. 8 gehalten hatten, in das Mrs. Straus zu steigen sich geweigert hatte. Sie war die Frau des Besitzers von Macy's, dem großen Kaufhaus in New York. Als man ihr ins Rettungsboot helfen wollte, hatte sie sich zu ihrem Mann umgedreht und gesagt: „Wir haben jetzt so lange zusammengelebt. Wo du hingehst, will ich auch hingehen." Ruhig setzte sich das Ehepaar dann in die Liegestühle an Deck und wartete auf das Ende.

Als wir durch die Bullaugen spähten, schien sich das Deck plötzlich mit Passagieren gefüllt zu haben. Ich bildete mir ein, den Ruf „Frauen und Kinder zuerst!" zu hören.

Den Fotos vom Vorjahr hatten wir bereits entnommen, daß das Heck vom Schiff weggebrochen war. Deshalb sahen wir weiter hinten nach, um das schmucklose Ende des intakten Bugteils zu untersuchen. Genau hinter dem gähnenden Loch, wo früher der zweite Schornstein gestanden hatte, fiel das Deck in gefährlichem Winkel ab. Die eleganten Linien des Schiffs verschwanden in einem Wirrwarr aus aufgerissener **Rumpfbeplattung,** aufgesprungenen Bullaugen und durcheinandergeratenen Wrackteilen. Wir sahen genug, um zu erkennen, daß die Schiffsdecks zusammengestaucht waren, als wären sie ein gigantisches Akkordeon. In einer unerwartet starken Unterwasserströmung, die uns in diese verknäuelten Wrackteile hineinzudrücken drohte, drehten wir ab und stiegen zur Oberfläche hoch.

Am nächsten Tag landeten wir an Deck ganz dicht bei der großen Freitreppe, die einst eine elegante Glaskuppel gekrönt hatte. Die Kuppel hatte das Eintauchen nicht überlebt, die Freitreppe aber wohl, und mir schien sie noch immer von dem fabelhaften Luxus an Bord zu berichten. *Alvin* ruhte nun auf dem Oberdeck der *RMS Titanic,* genau über dem Aufzugschacht, in dem drei Aufzüge die Passagiere erster Klasse beför-

dert hatten, wenn sie die prächtige Treppe nicht zu benutzen wünschten.

Wir aber wollten die Stufen mit *JJ,* unserem Roboter, hinabgehen. Dies war der allererste Test unseres ferngesteuerten schwimmenden Auges, und dementsprechend waren wir nervös. Niemand wußte, ob *JJ* überhaupt den enormen Wasserdruck von mehr als 400 kg/cm^2 aushalten würde. *JJ* wurde mit Hilfe eines Joysticks, wie man ihn von Videospielen her kennt, von einem Schaltpult aus ferngesteuert und vorsichtig aus seinem Gehäuse gelotst. Langsam bewegte sich *JJ* zum gähnenden Loch der Treppe hin und verschwand darin. Mehr und mehr Kabel wurde nachgegeben, als er immer tiefer stieg.

(Links) Das gespenstisch offenstehende Fenster einer Luxuskabine Erster Klasse (Ganz oben) JJ geht näher heran, um hineinzusehen. (Oben) Ein Fenster aus der Kapitänskajüte

Wir konnten auf dem Bildschirm im Boot das auch sehen, was *JJ* sah. Doch zuerst sah *JJ* nichts. Als er dann tiefer ging, kam ein Raum jenseits der Deckpromenade zum A-Deck in Sicht. *JJ* schwang herum, und unser Steuermann sah etwas in der Ferne. „Sieh dir das mal an", sagte er leise. „Das ist ja ein Kronleuchter!"

Jetzt konnte ich ihn auch erkennen. „Nein, das kann kein Kronleuchter sein", meinte ich. „Der hätte einen Absturz doch nicht heil überstanden."

Ich traute meinen Augen nicht. Da war nun das Schiff auseinandergebrochen und 4000 Meter tief gefallen, auf dem Meeresboden mit der Gewalt eines Zuges aufgeprallt, der gegen einen Berg fährt, und doch bot sich unseren Augen ein vollkommen erhaltener Beleuchtungskörper! *JJ* verließ das Treppenhaus, betrat den Raum und näherte sich dem Leuchter bis auf 30 Zentimeter. Zu unserer Überraschung bemerkten wir, daß eine Seefeder dekorativ aus ihm herauswuchs. Wir konnten sogar die Fassungen erkennen, in denen die Lampen gesteckt hatten. „Das ist phantastisch!" rief ich aus.

„Bob, uns bleibt keine Zeit mehr. Wir müssen wieder hoch." Wie mit der Schärfe einer Klinge schnitten die Worte unseres Kapitäns durch meine Erregung.

Hier befanden wir uns nun tief im Innern der *Titanic* und gingen die große Freitreppe hinunter, und doch war auf einmal die Zeit verronnen, die wir uns sicher auf dem Meeresboden aufhalten konnten. Mir war klar, daß unser Kapitän sich nur an seine Anweisungen hielt, doch hätte ich am liebsten laut protestiert.

Unser kleiner Roboter stieg aus dem schwarzen Loch empor, leuchtete mit seinen Lichtern zu uns herüber und tauchte unser Boot in einen unirdischen Glanz. Für einen Augenblick hatte ich den Eindruck, als würde ein fremdes Raumschiff neben uns landen. Doch dieser Eindruck wich schnell einem Gefühl des Sieges, den wir unserem kleinen Freund verdankten. *JJ* hatte sich als voller Erfolg entpuppt.

Beim Tauchgang am darauffolgenden Tag überquerten wir die einstige Kabine von Kapitän Smith. Die Außenwände lagen nun auf Deck herum, als hätte ein Riese sie mit seinen Fäusten zertrümmert. Ganz dicht fuhren wir an einem der Kabinenfenster vorbei. War dies, so fragte ich mich, ein Fenster, das Kapitän Smith aufgestoßen hatte, um ein wenig frische Seeluft in seine Kabine zu lassen, bevor er sich schlafen legte?

Nun bewegten wir uns zum Bootsdeck an Steuerbord. Als wir darauf zu schwebten, kam ich mir vor, als würde ich eine Geisterstadt besichtigen, die aufge-

(Oben) *JJ* sieht in eins der Fenster des Gymnastikraums hinein. **(Ausschnitt)** Außenansicht im Jahr 1912. **(Oben rechts)** Das elektrische Kamel war eins von vielen Trimmgeräten. **(Unten rechts)** Der Bedienungshebel des elektrischen Kamels steht noch aufrecht.

geben worden war, nachdem man die Geschäfte geschlossen hatte.

Ein leerer Davit stand in der Nähe. Ich konnte sehen, wo die Rettungsboote der *Titanic* festgemacht waren. Genau auf diesem Deck hatten die Leute darauf gewartet, in die Rettungsboote zu steigen. Bis zuletzt hatte man ihnen nicht gesagt, daß es nicht genug Boote für alle gab. An diesem Deck hörte man auch die heitere Musik, die die tapfere Band an Bord spielte, um die Menge aufzumuntern, als das Deck immer steiler wurde.

Jason Junior promenierte nun gemächlich über das Bootsdeck, schaute durch die Fenster in mehrere der Kabinen erster Klasse und in einige Korridore hinein, auch in denjenigen mit dem Schild „Eingang erster Klasse". Als *JJ* an den Fenstern des Gymnastikraums vorbeiging, konnte ich Stücke und Ausrüstungsgegenstände daraus zwischen all den Trümmern erkennnen, so zum Beispiel das Schutzgitter aus Metall, das zum elektrischen Kamel, einem altmodi-

schen Trimmgerät, gehörte. Auch waren verschiedene Radformen und Kontrollhebel zu sehen. Dort hatte der Sportlehrer im weißen Flanelldreß die Passagiere angehalten, die Trimmgeräte zu benutzen. Und in der letzten Nacht wurde er zur Zufluchtstätte für die Passagiere, die darauf warteten, in die Rettungsboote zu gehen. Jetzt war der größte Teil der Decke im Gymnastikraum mit Rost bedeckt.

Ich konnte *JJ* weit weg an Deck erkennen, wie er sich hier- und dorthin wandte, um besser durch die Gänge und in die Fenster hineinsehen zu können. Fast schien es, als hätte unser kleiner Roboter einen eigenen Willen.

Doch nun mußten wir ihn wieder nach Hause holen. Schon seit Stunden waren wir an Bord der *Titanic*. Wieder einmal war es an der Zeit, an die Oberfläche hochzutauchen.

Der Morgen des 18. Juli war warm und angenehm, aber wegen der Tagesarbeit, die vor uns lag, war ich angespannt und gereizt. Wir hatten beschlossen, uns das Trümmerfeld der *Titanic* genauer anzusehen. Auf den 600 Metern, die Bug und Heck des Wracks trennten, lagen alle Arten von Gegenständen weit verstreut herum. Alles, vom Kohlevorrat bis zu den schmiedeeisernen Bänken an Deck, war auf den

Das Vorschiff der *Titanic*

1 vordere offene Promenade des A-Decks.

2 Rostzapfen hängen von den Fenstern der überdachten Promenade des A-Decks.

3 Diese Winde wurde nur einmal benutzt, als man im Hafen zur Probe die Rettungsboote abfierte.

4 Ein Rostzapfen bedeckt das Glas eines Bullauges auf dem C-Deck.

5 Ankerketten wurden um diesen Kettenstopper gelegt.

6 Auf dem Vorschiff nimmt *JJ* einen Poller in Augenschein.

7 Ausleger des Davits eines Rettungsboots mit Rolle und Flaschenzug. Ein ähnlicher Ausleger eines Davits ist in der Zeichnung angedeutet.

8 Rostzapfen schmücken das Schiffsvorderteil der *Titanic*.

9 Ankerkran

10 Ankerketten auf dem Vorderdeck
11 Steuerbord-Anker
12 „Krähennest" am umgestürzten Vormast
13 Kräne, die Frachtgut in die Laderäume hinabließen
14 geschlossenes Tor zwischen Dritter und Erster Klasse
15 Telemotor, der einst das Ruderrad trug
16 zertrümmertes Dach zur großen Freitreppe

17 Gymnastikraum
18 vordere Dehnungsfuge im Schiffsrumpf
19 Davit eines Rettungsbootes ohne Ausleger
20 vermutlich vom Eisberg zertrümmerte Stahlplatten

Das Trümmerfeld

Zwischen dem getrennten Vor- und Achterschiff der *Titanic* liegen tausend Objekte verstreut herum, die während des Versinkens aus dem Schiff hinausfielen.

Das Eisengestell einer Bank an Deck der *Titanic*.

Heck

Eine lackierte Fußstütze aus Metall zu einem Bett wie dem von Jack Thayer (siehe Seite 17).

Eine Metalltasse und zwei Türknäufe sind auf der Ofentür eines verrosteten Heizkessels gelandet.

Grund gefallen, als das Schiff in zwei Teile auseinanderbrach und sank. Aber ich war doch sehr neugierig zu erfahren, was wir dort unten unter den Trümmern finden würden. Oft war ich schon danach gefragt worden, ob es möglich wäre, daß wir menschliche Überreste fänden. Dieser Gedanke machte mich frösteln. Bisher hatten wir keine Anzeichen darauf gefunden. Sollten wir jedoch auf menschliche Überreste stoßen, so wußte ich, würde es höchstwahrscheinlich während dieser Tauchfahrt sein.

Als die ersten Wrackteile auf dem Meeresgrund auftauchten, war mir, als beträte ich ein ausge-

Waschschüssel wie die in der Kabine von Ruth Bekker (siehe Seite 16).

Bug

Die Emaille dieser Badewanne (**Foto innen:** Neuzustand) ist fast ganz mit einer Rostschicht bedeckt.

(Oben) Diese Statuetten, eine davon eine griechische Göttin darstellend, standen auf dem Kaminsims im eleganten Salon Erster Klasse. Eine der beiden Statuetten fanden wir auf dem Meeresboden neben einigen Steinen aus einem Eisberg wieder.

bombtes Museum. Tausende und abertausende von Gegenständen lagen unordentlich auf dem hügeligen Meeresboden herum. Die Eingeweide der *Titanic* lagen weit verstreut über den Boden. Tassen und Soßenschüsseln, silberne Tabletts, Töpfe und Pfannen, Weinflaschen, Stiefel, Nachttöpfe, Heizkörper, Badewannen, Koffer und vieles andere mehr. Dann sah ich, ohne jede Vorwarnung, in die geisterhaften Augen eines kleinen, weißen lächelnden Gesichts. Für den Bruchteil einer Sekunde glaubte ich, es sei ein menschlicher Körper — und mich überfiel ein schrecklicher Schauder. Schließlich wurde mir klar,

(Rechts) Lebewesen in der Tiefsee ließen von einer Puppe nur den Porzellankopf übrig. Es war eine kostbare französische Puppe (wie die auf dem Innenfoto). Sie gehörte daher vermutlich einem Mädchen, das in der Ersten Klasse reiste, vielleicht sogar der dreijährigen Loraine Allison aus Montreal. Sie war das einzige Kind aus der Ersten Klasse, das die Katastrophe nicht überlebte. (Oben) Loraine mit ihrem jüngeren Bruder Trevor, der gerettet wurde.

daß ich in das Gesicht einer Puppe starrte, deren Haare und Kleider längst verrottet waren.

Mein Schock wich einer leisen Traurigkeit, als ich daran dachte, wem diese Puppe wohl gehört haben mochte. Hatte das kleine Mädchen sich in eins der Boote gerettet? Oder hatte sie die Puppe fest an sich geklammert, als sie in den eisigen Wassern ertrank?

Wir bewegten uns durch diese erstaunliche Landschaft. Es gab so viele herumliegende Dinge, daß es schwierig wurde, sie nicht aus den Augen zu verlieren. Wir stießen auf einen der Schiffskessel, auf dem aufrecht eine Metalltasse stand, wie die Besatzung sie benutzt hatte. Es war, als hätte einer der **Heizer** sie dort abgestellt, kurz bevor Wasser in die Heizkesselanlage geströmt war. Wenn man sich vorstellte, daß diese Tasse in der Unglücksnacht hinuntergetaucht war und zufällig genau auf dem Heizkessel gelandet war, so mutete einen das schon recht merkwürdig an.

Im Licht der Scheinwerfer von *Alvin* entdeckten wir vor uns plötzlich einen Safe. Ich hatte von dem fabelhaften Schatz erzählen hören, der angeblich im Schiffssafe eingeschlossen war, darunter auch ein in Leder gebundenes Buch, dessen Einband mit über tausend kostbaren Edelsteinen besetzt war. Hier gab es eine einzigartige Gelegenheit, und die wollte ich mir nicht entgehen lassen. Der Safe lag mit der Tür nach oben im Schlick. Der Griff glänzte wie Gold, doch wußte ich, daß er aus Messing war. Darunter war auch die Scheibe mit dem Zahlenkranz zu erkennen und darüber eine hübsche, glitzernde Plakette.

Weshalb sollten wir nicht versuchen, ihn zu öffnen? Ich beobachtete, wie *Alvins* Greifarm seine Metallfinger um den Griff legte. Sein Metallgelenk fing an, ihn im Uhrzeigersinn zu drehen. Zu meiner Verblüffung ließ der Griff sich leicht drehen. Dann hielt er inne. Die Tür rührte sich nicht aus den Angeln. Sie war festgerostet. Ich kam mir vor, als wäre ich von meiner Mutter beim Naschen erwischt worden. Nun

gut, versuchte ich mir weiszumachen, vermutlich war er sowieso leer. Später, als wir uns die Videoaufzeichnungen genau ansahen, bemerkten wir, daß die Platte an der Rückseite durchgerostet war. Der Schatz hätte verstreut in der näheren Umgebung herumliegen müssen. Doch davon haben wir nichts gesehen. Zum Glück wurde mein Schwur, nichts von der *Titanic* mit an die Oberfläche zu bringen, auf keine harte Bewährungsprobe gestellt.

Zwei Tage vergingen, bevor ich erneut zur *Titanic* hinabtauchte. Nach der Ruhepause packte mich noch einmal die Lust, sie mir in Ruhe anzusehen. Dieses Mal wollte ich das abgetrennte Heck erkunden, das sich etwa 600 Meter vom Bug entfernt befand. Während des Eintauchens ins Meer war es schwer beschädigt worden. Nun war es zwischen stark zertrümmerten Wrackteilen fast nicht wiederzuerkennen. Wir planten, mit *Alvin* am Ende des Achterschiffs zu landen und *JJ* unter den überhängenden Rumpf zu schik-

(Gr. Foto) Der Zahlenkranz und die Haube eines Safes glänzen immer noch. **(Kl. Foto unten)** Den Griff drehten wir mit *Alvins* Greifarm. **(Kl. Foto oben)** Ein Buch mit einem kostbaren Einband, besetzt mit über tausend Edelsteinen, befand sich in einem der Safes der *Titanic*.

ken. Falls die drei riesigen Schrauben der *Titanic* beim Untergehen nicht heruntergefallen waren, mußten sie noch immer mit dem enormen, 110 Tonnen schweren Ruder am Heck zu finden sein.

Sanft setzten wir hinter dem Heck auf und mußten feststellen, daß einer von *JJs* Motoren nicht funktionierte. Unsere Tauchfahrt war also eine Pleite. Mißmutig saß ich da und starrte von meinem Sitz durch mein Bullauge auf den Schlick. Plötzlich bewegte sich der Schlick! Unser Kapitän führte *Alvin* langsam auf dem Ski genau unter den gefährlichen Überhang des Achterschiffs. War er verrückt geworden? Wenn nun ein Wrackteil brach und uns auf den Kopf krachte? Er verletzte die erste Regel beim Steuern von *Alvin:* Be-

gib dich nie unter einen Überhang von Menschenhand. Doch unser Bootsführer war ein Profi; er wußte sicher genau, was er tat.

Vor uns überblickte ich ein Feld, das mit Rostzapfen übersät war. Bisher hatten wir nur das Wasser des Ozeans über uns. Diese Linie zu überschreiten hieß, ein ernstes Wagnis einzugehen. Befanden wir uns erst einmal jenseits dieser Linie, war uns der Fluchtweg versperrt, wenn uns ein Unglück ereilte. Niemand von uns sprach ein Wort. Nur unser Atmen war im Tauchboot zu vernehmen.

Langsam schien die schwarze Fläche der Rumpfbeplattung sich auf uns niederzusenken. Der Rumpf kam von allen Seiten auf uns zu. Als wir genau hinsahen, bemerkten wir, daß sich das Heck, ebenso wie der Bug, tief in den Schlick hineingewühlt hatte — vierzehn Meter tief oder mehr. Die Schrauben waren daher im Schlick vergraben, nur das Ruder schaute noch etwa 5 Meter daraus hervor.

„Machen wir, daß wir hier wegkommen", sagte ich. So langsam wie möglich fuhr *Alvin* auf der Spur zurück, die sein Ski im Schlick gelassen hatte. Als wir

Die Plakette, die wir zum Gedenken an die Opfer der Katastrophe auf dem Heck der *Titanic* deponierten.

(Kl. Foto oben) Mit *Alvin* wagen wir uns unter den Überhang des Hecks der *Titanic*, um es zu erkunden, und fotografieren das verschüttete Ruder. **(Oben)** Mit dem Tag der Jungfernfahrt verglichen sieht das schwer beschädigte Heck heutzutage traurig aus.

das Gebiet mit den Rostzapfen über uns verließen und wieder in klare Gewässer gerieten, atmeten wir erleichtert auf. Wir waren jetzt außer Gefahr. Jeder von uns war heilfroh, daß dieses Abenteuer hinter uns lag.

Bevor wir wieder auftauchten, wollte ich jedoch eine Aufgabe noch erledigen. Ich hatte vor, eine Plakette auf dem zertrümmerten Heck der *Titanic* zum Gedenken an die Opfer zu deponieren. Alle, die ihr Leben ließen, waren auf dem Achterschiff zusammengeströmt, als das Schiff mit dem Bug nach vorn im Meer versank. Es war ihr letzter Zufluchtsort gewesen. Wir

fuhren also die Stahlwand bis zum Deck hoch. Vorsichtig nahm *Alvin* mit seinem Greifarm die Plakette von der Stelle, wo wir sie befestigt hatten, und ließ sie los. Wir beobachteten, wie sie langsam auf das Deck niedersank.

Als wir abhoben und uns auf den Weg nach oben machten, behielt unsere Kamera die Plakette so lange wie möglich im Auge. Je höher wir aufstiegen, desto kleiner wurde sie, bis sie schließlich von der Dunkelheit verschluckt wurde.

Noch zweimal tauchten wir zur *Titanic*. Am Ende der letzten Tauchfahrt war ich mir bewußt, daß ich das große Schiff nie mehr wiedersehen würde. Zweieinhalb Stunden später, als wir uns wieder an Bord von *Atlantis II* befanden, waren alle Vorbereitungen für die Heimfahrt schon getroffen. Später am Abend sollte es ein kleines Fest geben, aber dennoch ging mir die *Titanic* nicht aus dem Sinn: Ich dachte an die Menschen, die sie gebaut hatten, an die, die mit ihr gereist waren, und an die, die mit ihr untergegangen waren.

SECHSTES KAPITEL

Die Lösung des Geheimnisses

Als wir nach unserer Expedition im Jahr 1986 nach Hause kamen, fing unsere Arbeit erst richtig an. Jetzt mußten wir uns Tausende von Fotos ansehen und die stundenlangen Videoaufzeichnungen, die wir vom Meeresboden mitgebracht hatten, um herauszufinden, ob wir neues Licht auf die Geschichte vom Untergang der *Titanic* werfen konnten. Wir hofften, daß wir vielleicht einige der Geheimnisse lüften könnten, die dieses legendäre Schiff noch immer umgeben.

Wahrscheinlich wird sich nie mit Sicherheit klären lassen, welchen Schaden genau der Eisberg der *Titanic* an Steuerbord wirklich zufügte. Zu viel des Schiffes steckt zu tief im Schlick, als daß jemand den Schaden in Augenschein nehmen könnte. Aber wir hatten festgestellt, daß einige der Stahlplatten an Steuerbord an ihren Nähten aufgesprungen waren. Es ist nicht unwahrscheinlich, daß der Eisberg nur wenige Löcher — wenn überhaupt eins — in die Rumpfbeplattung gestoßen hatte. Vielmehr scheinen durch den Zusammenstoß mit dem Eisberg die Nieten an den **Platten** aufgebrochen und die Wassermengen durch die Risse sofort ins Schiffsinnere geströmt zu sein. Wie auch immer diese „Eiswunde" genau ausgesehen hat, war sie doch groß genug, um das Schiff zu versenken.

Vor unserer Entdeckung der *Titanic* glaubten viele Leute, daß das Schiff in einem Stück untergegangen sei. Jedoch immer schon hat es viele Augenzeugen gegeben, unter ihnen auch Jack Thayer, die berichteten, das Schiff sei in zwei Teile auseinandergebrochen. Danach sei das Vorschiff ganz ins Wasser eingetaucht und das Achterschiff habe sich für einen Augenblick aufgerichtet, bevor es — sich dabei um die eigene Achse drehend — wenig später im Wasser verschwunden sei. Nachdem wir Bug und Heck der *Titanic* 600 Meter voneinander entfernt aufgefunden haben und sie in verschiedene Richtungen weisen, scheint es erwiesen, daß das Schiff bereits an der Was-

seroberfläche auseinandergebrochen ist.

Als der Bug sank und das Heck sich steil aus dem Wasser aufrichtete, wurde die Belastung des Rumpfs so groß, daß er schließlich zwischen dem dritten und dem vierten Schornstein abknickt. Verschiedene Teile aus dem Schiffsinnern fallen dadurch ins Wasser und folgen Bug und Heck. Je schwerer diese Teile sind, um so schneller versinken sie. Augenzeugen in den Rettungsbooten der *Titanic* beobachten entsetzt, wie das Schiff untergeht. Ein Überlebender berichtet, daß der Bug „mit einem Lärm wie Donner" brach und sofort sank.

Der Bug traf vermutlich früher auf dem Meeresboden auf als das Heck und wühlte sich beim Aufprall tief in den Schlick. Wenige Minuten später schlug das

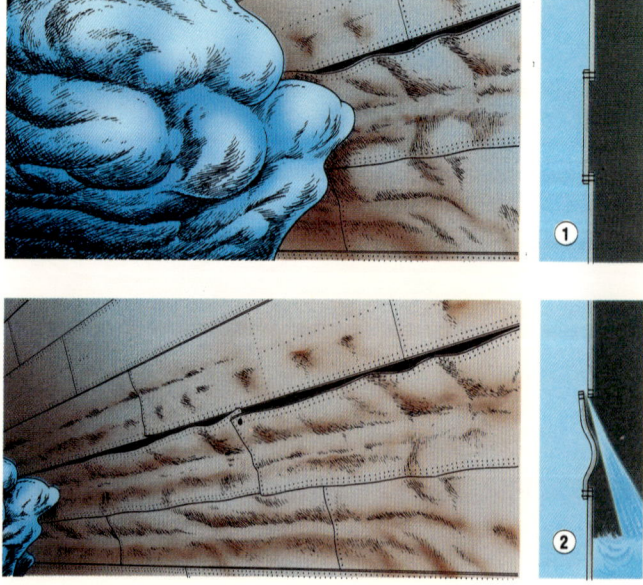

(Oben) Der Eisberg schrammt an den Stahlplatten der *Titanic* vorbei und **(ganz oben)** dabei platzen die Nieten an den Nähten der Rumpfbeplattung auf: Wasser strömt ins Schiffsinnere.

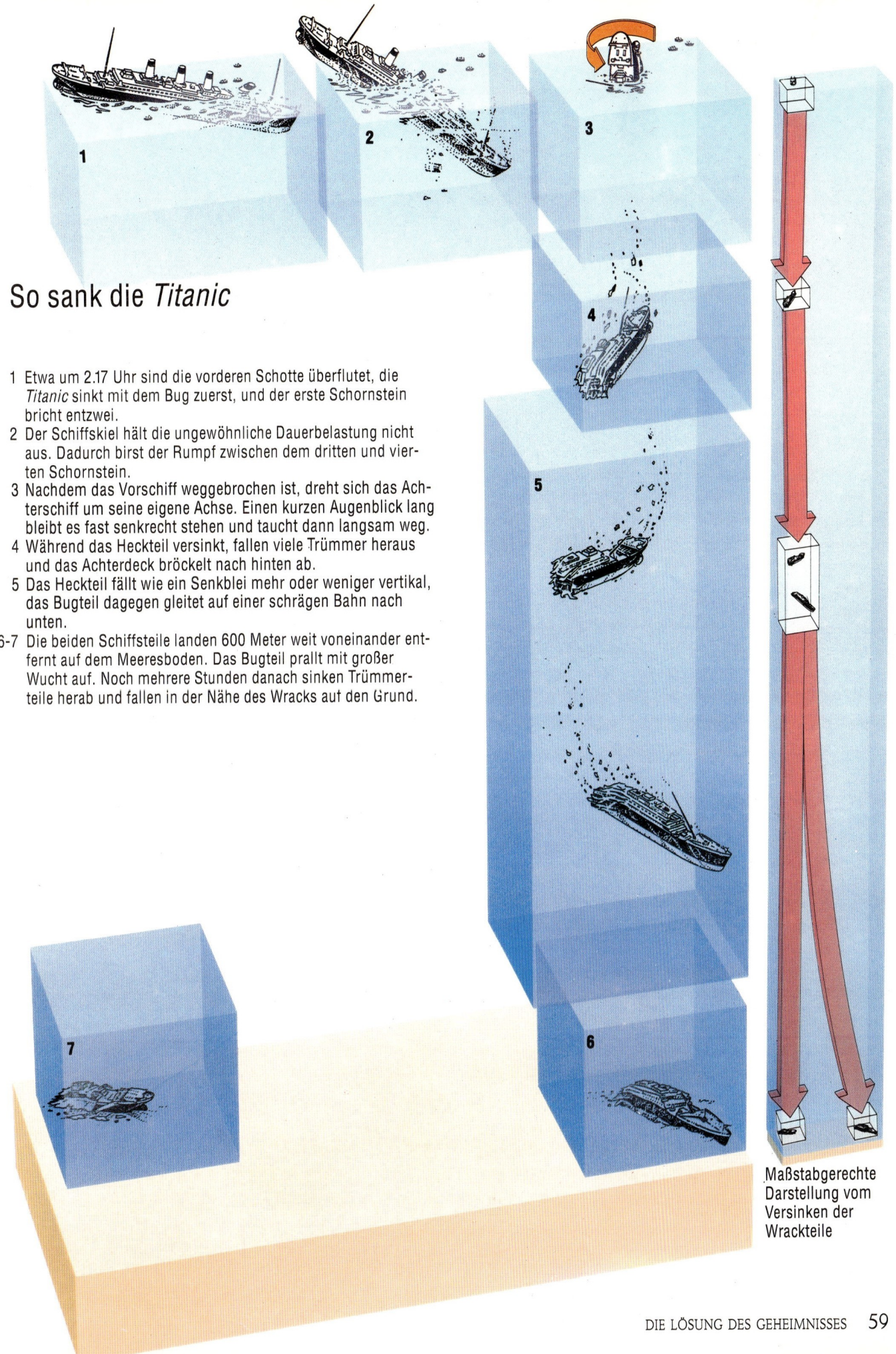

So sank die *Titanic*

1 Etwa um 2.17 Uhr sind die vorderen Schotte überflutet, die *Titanic* sinkt mit dem Bug zuerst, und der erste Schornstein bricht entzwei.

2 Der Schiffskiel hält die ungewöhnliche Dauerbelastung nicht aus. Dadurch birst der Rumpf zwischen dem dritten und vierten Schornstein.

3 Nachdem das Vorschiff weggebrochen ist, dreht sich das Achterschiff um seine eigene Achse. Einen kurzen Augenblick lang bleibt es fast senkrecht stehen und taucht dann langsam weg.

4 Während das Heckteil versinkt, fallen viele Trümmer heraus und das Achterdeck bröckelt nach hinten ab.

5 Das Heckteil fällt wie ein Senkblei mehr oder weniger vertikal, das Bugteil dagegen gleitet auf einer schrägen Bahn nach unten.

6-7 Die beiden Schiffsteile landen 600 Meter weit voneinander entfernt auf dem Meeresboden. Das Bugteil prallt mit großer Wucht auf. Noch mehrere Stunden danach sinken Trümmerteile herab und fallen in der Nähe des Wracks auf den Grund.

Maßstabgerechte Darstellung vom Versinken der Wrackteile

Auf der *Atlantis II* grübeln wir während unserer Heimfahrt über einige Geheimnisse der *Titanic*.

Heck noch heftiger auf und versank ebenfalls im Schlick. In den Stunden darauf fielen Teile und Gegenstände aus dem Schiff weit verstreut auf den Meeresboden. Diese Dinge fanden wir im Trümmerfeld auf dem Grund wieder.

Der Ozean ist ein ruhiger und leidlich beständiger Ort. Nach dem dramatischen Eintauchen der *Titanic* liegt sie nun in einer Tiefe von annähernd 3800 Metern, in der sich Veränderungen eher nach Jahrzehnten als nach Tagen bemessen. Zuerst lösten sich organische Teile auf, die Lebensmittel, danach die Leichen, wobei das Fleisch und die Knochen rasch von Fischen und Schalentieren aufgefressen wurden. Etwa übriggelassene Knochen zerfielen im Salzwasser schnell. Kleidung brauchte dazu viel länger, vermutlich Jahre.

Obwohl wir bei unseren Tauchfahrten keinerlei menschliche Überreste fanden, erlebten wir doch einiges, das uns frösteln ließ. Als wir die Aufnahmen von ANGUS studierten, stießen wir auf ein beunruhigendes Bild: zwei Schuhe, Seite an Seite. Nicht aus purem Zufall lagen sie so da im Schlick, das war deutlich zu sehen. Es sah vielmehr so aus, als würde eine unsichtbare Person sie noch tragen. Wenig später entdeckten wir ein weiteres Paar Schuhe, genauso wie das erste. Und dann noch ein Paar. Es gab keinen Zweifel: wir sahen die Gräber der armen Opfer, ihre Körper waren seit langem zerfallen.

Ich hatte gehofft, daß jede andere Expedition, die die *Titanic* aufsucht, sie in Frieden würde ruhen lassen, wie wir es gemacht hatten. Zu meiner großen Enttäuschung hat sich im Sommer 1987 eine Gruppe Franzosen, von schweizer und amerikanischen Geldgebern finanziert, zum Wrack aufgemacht, um Werk-

zeuge und Geräte aus dem Trümmerfeld zu bergen und sie an die Oberfläche zu bringen. Sie wollten vermutlich nur ein Geschäft damit machen. In meinen Augen mangelte es ihnen sehr am Respekt vor der Ruhestätte der Unglücksopfer. Eva Hart, eine Überlebende, sagte mir dazu: „Ich bin absolut dagegen, daß man hinabtaucht. Jeder, der dort unten Gegenstände birgt, handelt nicht besser als irgendein Pirat. An dem Geschirr, das sie heraufgebracht haben, hat mein Vater vielleicht seine letzte Mahlzeit eingenommen." Es ist nur ein schwacher Trost zu erfahren, daß mit diesen Gegenständen wenigstens in den Vereinigten Staaten kein Profit gemacht werden darf. Eine Resolution, die im U. S. Kongreß eingebracht wurde, verbietet jeglichen Handel mit sogenannten Andenken der *Titanic*. Der Kongreß der Vereinigten Staaten hat jetzt ein Gesetz verabschiedet, durch das das Wrack der *Titanic* unter Schutz gestellt und zu einer internationalen Gedenkstätte erklärt wurde.

Meinen eigenen Schatz aus der *Titanic* bewahre ich in meiner Erinnerung auf. Der erste Anblick der *Titanic* auf unserer zweiten Tauchfahrt wird mir unvergeßlich bleiben: die riesige schwarze Gestalt des Bugs, der aus dem Dunklen hervortrat. Insgesamt besuchte ich die *Titanic* neunmal und habe sie dabei gut kennengelernt. Als wir an Deck landeten und uns in ihrem Innern bewegten, standen mir die Szenen der Tragödie aus dem Jahr 1912 dort lebhaft vor Augen, wo sie sich abspielten. Nach jeder Tauchfahrt war ich erstaunt über das, was ich gesehen hatte.

Der Verlust der *Titanic* im Jahr 1912 war für die Menschen damals genauso schmerzlich wie etwa die Ermordung von Präsident John F. Kennedy im Jahr 1963. Etwas schien für immer verloren gegangen zu sein. Die Lebensanschauungen der Menschen werden bei solchen Tragödien schwer erschüttert. Das jüngste Beispiel aus unseren Tagen ist der Verlust des Raumschiffs *Challenger*. Ähnlich wie bei der *Titanic* war auch in diesem Fall das Vertrauen in den technischen Fortschritt grenzenlos. In beiden Fällen sind die Kräfte der Natur nicht ernstgenommen worden. Es sieht so aus, als könnten wir von der *Titanic* auch heute noch etwas lernen.

Die *Titanic* ist nun für immer dahingegangen. Darüber bin ich traurig und zufrieden zugleich. Der Boden des Ozeans ist ein friedlicher Ort. Wenn ich künftig an die *Titanic* denke, werde ich vor meinem geistigen Auge immer ihren aufrechten Bug sehen, der für immer angelegt hat.

Epilog

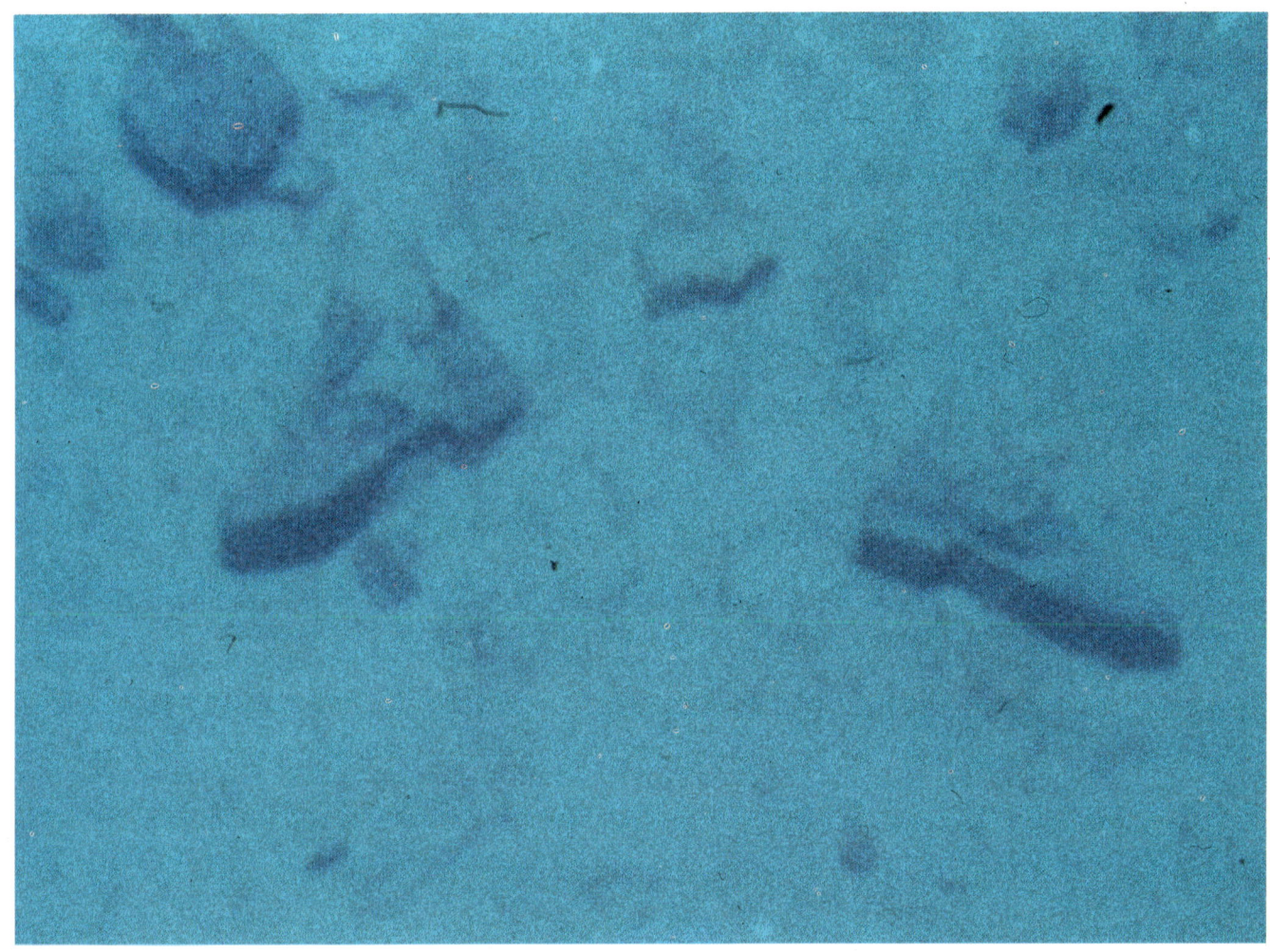

Ruth Becker sah ihre Mutter und Geschwister an Bord der *Carpathia* wieder. Die Familie Becker zog später in die Vereinigten Staaten, wo Ruth heiratete, ihre drei Kinder großzog und an der Schule unterrichtete. Heute ist sie pensioniert und lebt in Kalifornien.

Jack Thayer sah seine Mutter wieder, als er oben an der Steigleiter an Bord der *Carpathia* angekommen war. Sie war überglücklich, ihren Sohn wiederzusehen, doch traurig darüber, daß ihr Mann nicht überlebt hatte. Jack schrieb später ein Buch über seine Erlebnisse als Überlebender unter dem Titel *The Sinking of the S. S. Titanic* (Der Untergang der Titanic).

Harold Bride fiel in Ohnmacht, als er das Deck der *Carpathia* erreicht hatte. Doch kam er schnell wieder

Die beiden Schuhe — Seite an Seite, als ob ein unsichtbarer Mensch sie tragen würde — erinnern uns daran, daß das Wrack der *Titanic* für die Opfer der Katastrophe zur letzten Ruhestätte geworden ist.

zu Kräften und verbrachte — trotz seiner erfrorenen Füße — die meiste Zeit auf der Fahrt nach New York damit, dem Funker der *Carpathia* zu helfen, Funkmeldungen über den Untergang der *Titanic* abzusetzen.

Jack Phillips, Milton Long, John B. Thayer, Kapitän Smith und mehr als 1500 andere überlebten die Katastrophe nicht.

WORTERKLÄRUNGEN

abfieren: (Seemannssprache) an einem Tau herablassen

ANGUS: (Abkürzung für: Acoustically Navigated Geological Underwater Survey) eine Art Schlitten aus Stahlrohren, der von einem Schiff an der Wasseroberfläche über den Meeresgrund gezogen werden kann. An den Rohren sind Fotoapparate befestigt, die vom Meeresboden Aufnahmen machen.

Argo: Stahlschlitten mit Videokameras, der 20 bis 30 Meter über dem Meeresgrund geschleppt wird und über das Schleppkabel Fernsehbilder zur Oberfläche übermittelt

Ausguck: teilweise umschlossene Plattform hoch am Vordermast eines Schiffes, manchmal auch „Krähennest" genannt

Backbord: die linke Seite des Schiffes (in Fahrtrichtung) (Ggt.: Steuerbord)

Black Smokers: (engl. für Schwarze Stinker) Spitzname für Schlote neugebildeter Unterwasservulkane, die mineralreiche Flüssigkeiten mit einer Temperatur von etwa 200° ausstoßen.

Bootsdeck: Deck eines Schiffes, auf dem die Rettungsboote befestigt sind. Bei der *Titanic* war dies das oberste Deck.

Brücke: erhöhter (und meist geschützter) Aufbau mit Rundumsicht auf dem Vorschiff, von wo aus das Schiff gesteuert wird

Bug: das vordere Ende eines Schiffs (Ggt.: Heck)

CQD: (engl. Abk. für: Come quick, danger!; Komm schnell, Gefahr!) Seenotruf nach dem Morsealphabet in den ersten Jahren nach Einführung des Seefunkverkehrs. Das heute international festgelegte Notsignal SOS wurde erst nach der Titanic-Katastrophe offiziell verbindlich eingeführt. Hilfeleistung sowie Weitergabe der Nachricht sind Pflicht, Mißbrauch wird bestraft.

Dampfkessel: mit Kohle befeuerter Kessel, der Dampf erzeugte, mit dem die Schiffsturbinen betrieben werden

Davit: schwenkbarer Kranarm an Bord zum Abfieren von Booten

Gezeitenbecken: Wasserbecken im Felsgestein längs der Küste, die durch Ebbe und Flut des Meeres entstehen

Heck: das hintere Ende des Schiffs (Ggt. Bug)

Heizer: Mitglied der Besatzung, der die Dampfkessel im Maschinenraum befeuert

Jason Junior (JJ): ferngesteuerter Tiefseeroboter mit Eigenantrieb, Scheinwerfern und Kameras zur Erforschung von schwierigem oder gefährlichem Gelände. JJ ist an das Mini-Tauchboot Alvin angekoppelt und wurde von dort bei der Erkundung der *Titanic* ferngesteuert.

Kiel: das stählerne „Rückgrat" eines Schiffes in seiner ganzen Länge, an dem die Rumpfstruktur befestigt wird

Laderaum: Stauraum für Fracht an Bord eines Schiffes, meist unter Deck

Meeresgeologie: Wissenschaft von der Bildung und der Geschichte des Teils der Erdoberfläche, die von Meerwasser bedeckt ist

mittschiffs: Ortsangabe für den mittleren Teil des Schiffs zwischen Bug und Heck und zwischen Backbord und Steuerbord

Morsealphabet: nach seinem Erfinder Samuel Morse (1791—1872) benanntes System für Telegrafie, bestehend aus einer Kombination von Punkten und Strichen für jeden Buchstaben des Alphabets. Nachrichten im Morsealphabet werden über Funk (Morseapparat) oder Licht (Morselampe) übermittelt.

Niete: Stifte oder Bolzen aus Stahl, die Stahlplatten zusammenhalten können

Platten: biegsame, flache Metallflächen, die mit Nieten auf dem Schiffsrumpf befestigt werden

Poller: fest verankerter Pfahl aus Metall an Bord oder am Pier zum Festmachen von Leinen oder Trossen

Rostzapfen: sehr zerbrechliche rotbraune Zapfen von über ein Meter Länge, verursacht durch eisenfressende Bakterien. Das *Titanic*-Wrack ist über und über damit bedeckt.

R. M. S.: engl. Abk. für Royal Mail Steamer

Röhrenwürmer: lange Würmer, die in weißen Wohnröhren in der Nähe hydrothermaler Schlote leben

Ruderhaus: kleiner geschützter Unterstand für das Ruderrad auf der Brücke eines Schiffes

Rumpf: Skelett oder Körper eines Schiffes mit Außenhaut und Oberdeck

Rumpfbeplattung: verschweißte oder vernietete Metallplatten, die das Skelett eines Schiffes bedecken und seine Außenhaut bilden. Bei der *Titanic* überwiegend weniger als 1 Zoll (25,4 mm) stark.

SAR: (frz. Abk. für Sonar Acoustique Remorqué) in Frankreich entwickeltes Tiefsee-Zweiseiten-Sonar, das mit Hilfe von Schallwellen Unterwasserbilder von fast „fotografischer" Genauigkeit liefert

Schott: wasserdichte Quer- oder Längswand bei Schiffen, die mindestens bis zur Wasserlinie hinauf reicht

Sonar: (engl. Abk. für Sound Navigation and Ranging) Gerät zum Aufspüren und Lokalisieren von Gegenständen unter Wasser mit Hilfe von Schallwellen

SOS: internationaler Seenotruf nach dem Morsealphabet, der den allgemeinen Seenotruf CQD ablöste. Die Wahl fiel auf die Morsebuchstaben S, O und S, weil sie leicht zu senden und leicht zu erkennen sind. Die Buchstaben stehen keineswegs für „Save Our Souls" (Rettet unsere Seelen). Im internationalen Seefunkverkehr lautet der Notruf „Mayday".

Spill: eine Trommel mit senkrechter Welle auf dem Vor- oder Achterschiff, um das Einholen von Leinen, Trossen oder Ketten zu erleichtern

Stalaktit: von der Höhlendecke abwärts gewachsener Tropfstein (Ggt.: Stalagmit)

Steuerbord: die rechte Seite des Schiffes (in Fahrtrichtung) (Ggt.: Backbord)

Steward: Mitglied der Schiffsbesatzung, der für Bedienung und Verpflegung der Passagiere zuständig ist

Titan: silberweißes, dehnbares und starkes Metall

voraus: vor dem Schiff (in Fahrtrichtung) (Ggt.: achteraus)

Trümmerfeld: das Gebiet zwischen dem getrennten Bug und Heck der *Titanic,* in dem sich viele verstreute Gegenstände aus dem Schiff befinden